臺灣數位學習里程碑

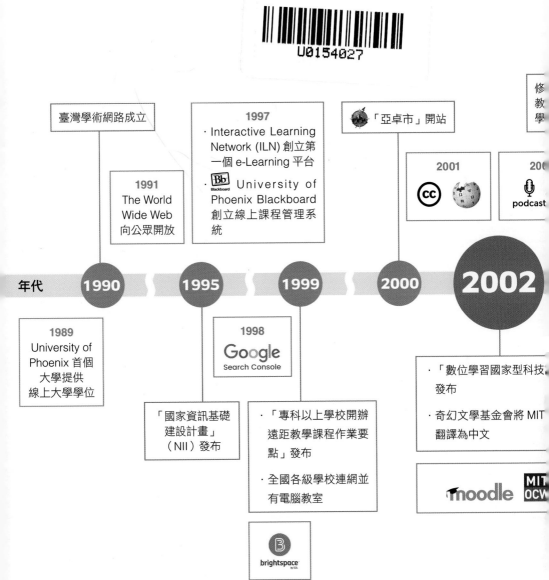

臺灣學術網路成立

1991
The World
Wide Web
向公眾開放

1997
· Interactive Learning
Network (ILN) 創立第
一個 e-Learning 平台
Bb University of
Phoenix Blackboard
創立線上課程管理系
統

「亞卓市」開站

2001

200
podcast

修
教
學

年代　1990　1995　1999　2000　**2002**

1989
University of
Phoenix 首個
大學提供
線上大學學位

1998
Google
Search Console

「國家資訊基礎
建設計畫」
（NII）發布

· 「專科以上學校開辦
遠距教學課程作業要
點」發布

· 全國各級學校連網並
有電腦教室

· 「數位學習國家型科技
發布

· 奇幻文學基金會將 MIT
翻譯為中文

moodle　MIT
OCW

brightspace

●●紅色框線內為臺灣數位學習發展重要事件、藍綠色框線內則呈現相對應年代之歐美數位學習發展背景。

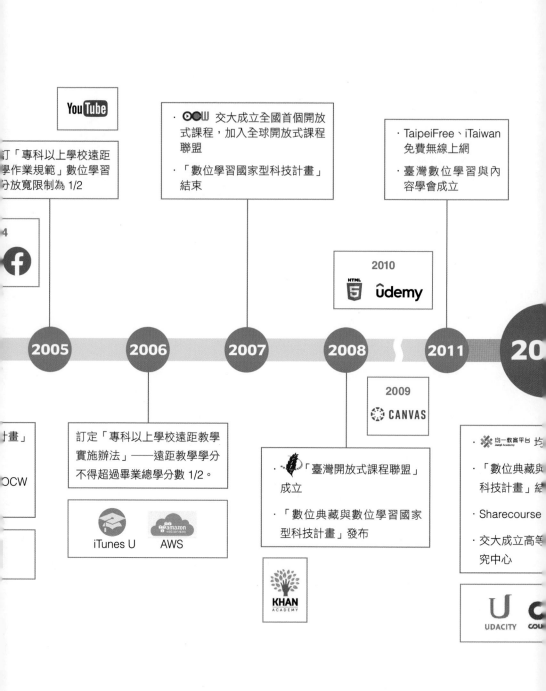

· ◉CW 交大成立全國首個開放式課程，加入全球開放式課程聯盟

· 「數位學習國家型科技計畫」結束

· TaipeiFree、iTaiwan 免費無線上網

· 臺灣數位學習與內容學會成立

訂「專科以上學校遠距學作業規範」數位學習分放寬限制為 1/2

2010

2005　2006　2007　2008　2011　20

2009

訂定「專科以上學校遠距教學實施辦法」──遠距教學學分不得超過畢業總學分數 1/2。

iTunes U　AWS

· 「臺灣開放式課程聯盟」成立

· 「數位典藏與數位學習國家型科技計畫」發布

KHAN ACADEMY

· 均一教育平台 均

· 「數位典藏與科技計畫」結

· Sharecourse

· 交大成立高等究中心

UDACITY　COU

迤邐前行

線上學習與
臺灣高等教育的
下一個十年

李威儀、陳鏗任 ———— 著

推薦序 01

曾志朗

中央研究院院士

曾任國立陽明大學校長、教育部部長

　　非常感謝李威儀老師,將他和陳鏗任老師合寫的有關「線上學習與高等教育」書稿寄給我,讓我一睹為快。我花了好幾個晚上,坐在螢幕前仔細看了一遍,不只是用「眼」一行一行閱讀,而且很用「心」聆聽兩位老師述說網路學習發跡的歷史,從最早期的遠距教學,到美國麻省理工學院(MIT)2002 年推出開放式課程(OpenCourseWare),允許全球的網上學習者打破地域與身分限制,隨時可以線上免費觀看校內課程內容,再到 2008 年聯結成為網路學習的方式,先是推出以學習者為中心的大規模開放式線上課程(connectivist MOOCs),參與者既是學習者,也是彼此的老師,開啟了網上學習不分年齡、不論條件、無遠弗屆的通路,令人驚豔,但相互為師,參與者的知識背景參差不齊,降低學習成效,直到改為以教學者為中心,比較接近傳統大學授課的模式,推出全新教/學/評量/同儕互動的 xMOOCs(磨課師)架構,才真正帶動了開放式網上學習的風潮。

　　兩位作者鉅細靡遺檢視這段歷史,我剛好是身歷其境的參與者,所以讀起來非常有感覺!尤其是我當年的研究,剛好專注在認知歷程

和學習科學的關係上，早早就感受到數位載具的威力，也很清楚在即將來臨的科技世代，知識的取得和個人網上學習的能力息息相關。因此，在 2000 年我接下教育部長後的第一件大事，就是提出閱讀教育政策，其涵義在於知識的取得是未來安身立命的基礎，所以也必須要了解自己和社會互動的生命意義，因而有了生命教育政策；緊接著，我編了龐大預算為國中小學購置電腦設備，做到班班有電腦的教學目標，然後請中華電信把光纖拉到每個鄉鎮，包括偏遠的山區，就是要建構網路教學的硬體設備和通訊能量所需要的支撐環境。

有了硬體設備，我在教育部推出了第三個重大的政策，即發布資訊教育白皮書，並推出由中央大學陳德懷教授研發成功的亞卓市網上教學方案。這可以說，是後來教育部推動磨課師網上教學課程的前置作業了。

資訊教育政策能夠順利推出，得力於 1990 年臺灣學術網路（Taiwan Academic Network, TANet）的完成和技術不停精進的運作。沒多久，我離開了教育部，就任中央研究院副院長，接下了由國科會主導，中研院、國史館、故宮博物院、國家圖書館、自然科學博物館、歷史博物館、臺灣大學、政治大學等重要學術與文物典藏機構一起協辦的「數位典藏國家型科技計畫」，擔起「知識數位化」的重責大任。我非常清楚，網路教學所需要的內容，傳統上是以圖、書、畫、文物、藝術成品存在於擁有這些成品的館藏中，如何轉換成數位載體的典藏，從觀念到技術、法律以及產業的各個層面上，都是新的挑戰，但我很高興帶著中研院資訊中心的同仁學習並研發新技術，同

時提出以「享有」取代「擁有」的觀點引導社會，克服種種困難，完成第一期五年的數位典藏科技計畫，並且規劃了第二期，朝向更精緻且更方便「探勘」、「聯結」的知識網！

從教育部的 TANet 的奠基和資訊教育的政策開展，到中研院的數位典藏國家型科技計畫的推進，我感到學界的反應是非常正面的。以 MIT 在 2002 年 9 月推出的開放式課程來說，到 2007 年課程數增加到 1,800 門，吸引了來自全球 846 萬人次的瀏覽量，臺灣是美國境外造訪該網站次數最高的國家之一！

時勢所趨，當時在臺灣，第一個推出由大學主導經營的課程網站是交通大學。以李威儀教授為主的團隊，在各大學推廣開放式課程，其後並陸續催生了臺灣開放式課程暨開放教育聯盟及 ewant 育網開放教育平台。從 2007 年起至 2023 年，併校之後的陽明交通大學一共提供了 319 門線上課程。網路開放課程的時代已來臨，隨之而來的磨課師的開發和普及，就是水到渠成的必然發展了！

磨課師在臺灣施行的歷史和其成效的檢視，在這本書中有非常詳盡的敘述和說明，而且論點明確清晰，對困境和問題解決的手段，都值得學習者思考。

這十五年來，李威儀教授一直在開放教育及線上學習領域鑽研發展，他的實務經驗在臺灣少有人能及；本書的另一位作者，陽明交大教育研究所陳鏗任教授，則是專研科技教育與數位學習。兩位作者分析線上學習和臺灣高等教育的關係，兼顧實務與學理，從了解過去、

整理現狀到期望未來，從檢討政府法規、建議學校政策到指導課程經營，牽涉的層面相當廣泛。目前在臺灣似乎還沒有看過任何一本針對線上學習有如此強烈企圖心的專書，不論其觀點是否能為所有人接受，作者對線上學習的了解程度及推動熱情，值得高度肯定，這也是一本對所有想了解臺灣線上學習發展、對線上學習感興趣的人極佳的參考書籍。

因為，唯有對未來人工智慧（AI）加入課程規劃的必然性有所準備，否則我們就將面臨「沒有 AI，只有『BI』」的後果了！

推薦序 02

林奇宏
國立陽明交通大學校長

　　進入 21 世紀後，線上學習必然成為終身學習及高等教育的主流學習方式之一。有鑑於此，國立陽明交通大學於 2007 年在張俊彥前校長任內啟動臺灣的開放式課程（OpenCourseWare, OCW）運動；2013 年在吳妍華前校長任內，建立臺灣第一個磨課師（Massive Open Online Courses, MOOCs）平台——ewant 育網開放教育平台；本人則於 2021 年開始推動與各縣市政府合作，於 ewant 育網平台設置高中職自主經營的數位學習專區。除了推動開放教育及終身學習之外，陽明交大也是全國各大學中最早訂定獎勵網路教學辦法、最先開始嘗試翻轉式教學，以及第一個建立跨校線上通識課程選修制度的大學，因此也是國內各大學在校內推動線上學習的領導者之一。在以上這些發展過程中，李威儀教授及陳鏗任教授都是重要的策畫者或推動者，很高興看到他們願意花大量時間整理多年的經驗，並與大家分享。由於兩位教授在線上學習領域的涉獵很廣，從學理到實務、教學設計到政府法規都有深入了解，因此這本書提供了相當全面的說明及探討，相信對許多想要推動線上學習的學校高層及教務主管會有很大的幫助。

　　美國史丹佛大學設計學院（d.school）在 2014 年提出 Stanford 2025 的開創性大學願景，希望可以在 2025 年打破傳統學期制度裡如

同工廠生產流水線的線性教學規劃，進而允許學生自主選擇更適性化及更有彈性的學習路徑。這樣的設計在當時受到許多大學（包括臺灣的大學）主管討論及讚揚，但如今距 2025 年僅剩兩年，即使是在史丹佛大學，仍距離所謂的 Stanford 2025 理想十分遙遠，究其主因，就是受到延續百年的傳統實堂授課方式所侷限。未來的「教」與「學」均需同時接受新的觀念與新的挑戰；其中，很可能唯有將線上學習更廣泛地融合到大學教學體系中，利用線上學習獨特的彈性優勢，方可能真正實現讓學生各自擁有更適性化學習路徑的理想，或許這也是臺灣高等教育在未來十年中最需要大膽嘗試的教學改革。

推薦序 03

張國恩
東海大學校長
曾任國立臺灣師範大學校長

臺灣的高等教育，在 20 世紀末經歷了快速的擴張。進入 21 世紀後，全球高等教育走向市場化（marketization），公部門逐步降低教育投資，將預算改以競爭型計畫的型態，讓大學擇優競逐，全球化則加劇大學的國際競爭，而東亞國家的大學還要面臨少子女化的困境，這些都對大學的經營帶來巨大的挑戰。 不過，教育的本質就是「改變思維」，大學不僅是陶冶下一代思維的重要園地；高等教育的經營者，也需要「改變思維」，才能開創「未來大學」的典範！

數位科技與人工智慧的發展影響全球，不只帶動產業與人才需求的創新，也帶動大學的教學創新。在 21 世紀的第一個十年，本人曾擔任數位學習國家型科技計畫中全民數位學習分項召集人（2003-2007）、數位學習品質認證中心創辦人（2005-）、國科會資訊教育學門召集人（2006-2008），並於 2011 年創立社團法人臺灣數位學習與內容學會。與此同時，陽明交大推動成立開放式課程聯盟及設置校級的高等教育開放資源研究中心（HERO 中心），並建立 ewant 育網開放教育平台，匯集全國各大專校院的磨課師資源，推廣教育共享的理念。本人亦曾擔任 HERO 中心首屆諮議委員會委員，非常贊同並

支持李威儀主任十多年來推動華文開放教育運動的戰略眼光。時至今日，HERO 中心從鼓勵大學嘗試翻轉教學、與國際磨課師平台合作課程，到協助高中導入大學線上學習資源等，都燦然有成，這些在線上學習的努力，許多與本人在東海大學推動未來大學的重要亮點互相呼應，不論是翻轉教學、高度彈性化的學習制度、目標導向的學習、開放的環形大學，都需要有創新設計的線上學習平台及品質良好的線上學習內容作為基礎。

新冠疫情過後，全球教師對線上學習的理解達到新的境界，臺灣線上學習如何在現有的基礎上，再創下一個十年高峰，成為重要的議題。本書針對政府政策、大學校園制度、新興數位科技帶來的教育創新、弱勢群體的數位機會等，提出重要的見解，更進一步探討了如何將這些元素融合在一起，以創造一個更加公平、開放和創新的線上學習環境。兩位作者兼具學理與實務經驗，觀察深入，並且對於線上學習的未來發展有獨特的見解，他們的建議可能提供一個推動臺灣走上線上學習新高峰的方向。本書不僅適合教育工作者、政策制定者和學者閱讀，也適合所有關心臺灣教育發展的人士。透過這本書，讀者能夠深入了解線上學習的潛力和挑戰，並從中找到啟發和靈感。因此，我極力推薦這本書。

自序

李威儀、陳鏗任

　　網際網路開始於 20 世紀末、盛行於 21 世紀初。隨後，線上學習因為開放教育而引起廣泛注意，由於新冠疫情而獲得普遍使用。目前看來，由於社會的快速變遷及新興科技的不斷出現，線上學習將勢必成為高等教育及一般大眾的主流學習方式之一。本書作者於 2006 年開始籌劃啟動臺灣的開放式課程運動，2012 年規劃建立臺灣目前最主要的磨課師開放教育平台，並在各大學推廣深化運用線上學習，2018 年起則將各大學的線上資源導入全臺各高中使用。一路走來，有許多收穫及心得，也經歷不少困頓與挫折。由於臺灣目前好像還少有完整討論線上學習發展的書籍，因此完成此書，從基礎建設、政府政策、大學制度、線上學習生態、科技應用等多方面，盤整臺灣過去二十年的線上教學發展狀況，並從實務與學理的觀點，對邁向 2030 年的臺灣高等教育線上學習提出一些具體建議，希望可以拋磚引玉，激起一些關注、討論或辯論，也讓更多人了解線上學習的發展歷史、現況及前景。

　　為讓更多朋友了解線上教學發展的發展，本書並未採用學術書寫格式，而將相關資料來源統一放於書末，以利讀者對有興趣的內容作更深入的探索；部分網址連結因計畫結束而失效，但為完整呈現過往紀錄，仍予以保留，特此說明。

Contents

第一章　線上學習的發展背景及衝擊

第二章　線上學習的優勢與挑戰

第三章　政府政策與高等教育的線上學習

第一章

線上學習的發展背景及衝擊

20 世紀 80 年代後，因為資訊科技的突飛猛進，越來越多的教學活動不再只是採用至少兩、三百年來的板書或其他傳統書寫方式，而開始運用各種資訊科技發展出的新型工具。「數位學習」（digital learning, e-learning）這一名詞於此出現，並被泛指為各種透過資訊科技工具來進行教學的方式。在多樣的數位學習方法中，線上學習（online learning）是指利用個人電腦及網際網路連結進行的遠距教學方式，它可以是授課者與學習者透過網路實時（real-time）互動的同步（synchronous）線上學習，也可以是由學習者利用網路觀看授課者預先錄製好課程的非同步（asynchronous）線上學習。或許，線上學習運用的並非最新創的科技，但其滲透性（penetration）和影響的學習群眾卻是所有數位學習方式之首。

線上學習於 20 世紀 90 年代開始出現，並立即受到許多學者的關注及期待。被譽為現代管理學之父的彼得 • 杜拉克（Peter Drucker）就曾於 1997 年在《富比世》雜誌上大膽預言，因為線上學習方式的出現，「三十年後大型的大學校園將成為廢墟，大學將無法生存」（"Thirty years from now the big university campuses will be relics. Universities won't survive."）。進入 21 世紀後，線上學習的確越來越受到重視，但是大學校園並沒有因為線上學習的興起而關門，讓大學校園關閉的，反而是百年一遇的疫情！

2020 年新冠（COVID-19）疫情在全球爆發，迫使世界各國的校園必須關閉以阻斷疫情傳播。所幸，因為線上平台、技術、人才等基礎建設在 21 世紀後的二十年間陸續漸臻成熟，越來越多各級學校教

師已經能夠根據自己所授科目的特性來設計網課，將教學搬遷至線上，使得線上學習成為教育活動在社交距離限制之下的明燈。在疫情未見消緩的 2021 年，線上學習繼續協助維持全球各大學在後疫情時代的正常教學與研究活動，也是各國的中小學需要隨時準備好的應急方案。

臺灣遲至 2021 年 5 月才遇到新冠疫情在社區爆發，但因為已經有一年的緩衝及準備時間，因此在政府與民間公私協力、學校與家庭合作應對之下，於很短的時間內就全面性地在各級學校展開了線上學習，甚至被《天下雜誌》當年的年度教育特刊稱譽為臺灣「最接近破壞性創新」的教育變革。不過，在 2021 年 9 月新學期開學後，臺灣再度有效控制本土疫情，且疫苗施打率迅速提升，社會對於回歸正常生活充滿期待，教學方式亦逐漸回到以實體為主。作者的兩位研究生皆觀察到校園「回到正常」的喜悅。一位是在新竹科學園區周邊學校服務的教師，她調查疫情期間的數位焦慮，發現多數學校老師認為半年前的停課狀態雖然辛苦，但應該已經「撐過去了」，可以回到正常教學。另一位是在新北市教育局執行全市數位教學培訓的教師，他也透露疫情期間將科技融入教學研習的盛況不再，大多數老師們已經回歸「常態」。清華大學雖然在疫情三級警戒期間，開放碩、博士生畢業口試得採線上方式進行，但是隨著疫情趨緩，在 2022 年 1 月便宣布回到只允許辦理實體口試。

此時，我們可能應該反問：新冠疫情造成的「破壞性創新」確實加強了社會或學校對線上學習的接受度嗎？對抗疫情所帶來的線上學

習「榮景」，確實讓教師或學生覺得更需要線上學習嗎？Michael Barbour 在 2021 年底美國教育科技與傳播學會的機關刊物 *TechTrend* 中主張：「並非如此！」在新冠疫情期間，大規模地把實體學習活動放到網路上維繫學校教育，雖然有助於推廣線上學習，但這些或許只能被稱為「救急的遠距教學」（emergency remote teaching）。在防疫應急過程中，從大學到中小學老師的多數線上教學都明顯缺乏適當及充分的準備，少有考慮教學設計或事前的詳細規劃。Michael Barbour 進一步指出，新冠疫情趨緩時應該正是我們重新檢視線上學習，並做出正確改變的時候。

如果檢視線上學習的發展過程，可以歸納出發展線上學習的三項重要元素：網路環境建設、線上學習內容以及社會（包括學校）對線上學習的需求度。這三個要素彼此息息相關，相互支持，缺一不可。其中，網路環境建設應該包含三個層面：

(1) 普及至城市與鄉間的穩定電力、寬頻網路，以及由各式資訊設備所建立的基礎硬體架構。
(2) 能將「軟體作為服務」（Software-as-a-Service, SaaS），透過網際網路遍及每一個用戶的雲端運算服務，此一服務不只增加運能效率、降低使用價格，還要能提供客製化設計。
(3) 隨之，就應該有在雲端設置及運營的各種平台，成為提供資源者及使用者匯聚之處。

在網路環境建設上，臺灣政府的速度不但比肩歐美國家，而且頗

有遠見。遠者如在 20 世紀末，政府就投資讓免費使用的臺灣學術網路布建到全國的中小學。近者如在 2022 年教育部啟動的「推動中小學數位學習精進方案」四年計畫，匡列了約 200 億臺幣的經費，用於提升中小學的行動裝置與網路覆蓋率，並且在計畫第一年就使用超過 100 億元的經費來實現「班班有網路、生生用平板」的目標。

表 1-1　教育部「推動中小學數位學習精進方案」的經費分配

項目	計畫一 數位內容 充實計畫	計畫二 行動裝置與 網路提升計畫	計畫三 教育大數據 分析計畫	合計
2022	14.00	102.41	1.00	117.41
2023	14.00	12.53	1.00	27.53
2024	14.00	12.53	1.00	27.53
2025	14.00	12.53	1.00	27.53
合計 （億元）	56.00	140.00	4.00	200

© 行政院全球資訊網

　　有了健全及方便的網路環境建設，發展線上學習的第二個重要元素就是線上學習內容。進入 Web 2.0 時代之後，使用者能夠自由地在網路上發布文字、影音、數據、圖像等資料，凡是可以將這類資料以數位形式製作並整合運用的技術、產品或服務，都可以被稱為數位內容（digital content）。經濟部工業局的數位內容產業推動辦公室曾經

在 2006 年的《臺灣數位內容產業白皮書》，把數位內容產業區別為數位影音應用、電腦動畫、數位遊戲、行動應用服務、數位學習、數位出版典藏、內容軟體、網路服務等。當然，隨著技術的進步，更多形式的數位內容被不斷加入，例如 2010 年後迅速發展的虛擬實境（Virtual Reality, VR）、擴增實境（Augmented Reality, AR）、混合實境（Mixed Reality, MR）等。但本書所談的線上學習內容，並不是泛指所有的數位內容，也應該不只是維基百科式或零碎的說文解字，而是更強調系統性介紹知識、技術或資訊的各式線上課程，這類課程可被學習者以同步線上或非同步線上的方式取用，從而習得一項較完整的知識、技術或資訊。許多大學在 21 世紀開始嘗試的網路教學課程（包括同步及非同步的線上課程）就是標準的線上學習內容。另外，2012 年開始盛行的大規模開放式線上課程（Massive Open Online Courses, MOOCs，臺灣簡稱為磨課師）則是最為大眾熟悉的另一種線上學習內容。

有了線上學習內容後，這些內容能否獲得使用者的青睞，被使用者取用、消化、改造或甚至進一步傳播，則取決於使用者有無感受到確實需要線上學習，也就是社會（包括學校）對線上學習的需求度。

線上學習內容以及社會對線上學習的需求度，就如同一般市場運作機制中的供應與需求兩端，這兩端互為因果，很多時候很難確定究竟是誰先發生，但偶而也有例外。例如 2020 年的新冠疫情就使得學校／社會對線上學習的需求度不得不提升到前所未有的地步，線上學習內容因此大量產生。但當疫情趨緩或各國開始與疫情共存時，學校

／社會對線上學習的需求度就會開始下降，但大眾對線上學習的需求度是否會降回到疫情發生前的水平，或是會比疫情前要高出許多，就直接影響到疫情後線上學習內容是否仍能源源不絕的產生，以及線上學習的供應與需求兩端是否可以繼續維持良性互動？

　　如果答案是肯定的，其效果就會如同圖1-1中擺錘的振幅越擺越大，擺錘的質量也越來越大，此時必然需要加強負責支撐擺錘質量的網路環境建設。在疫情期間，許多線上會議平台及線上學習平台應運而生、大幅擴張或提升效能，就是為應付線上學習內容與線上學習需求度急速增加。而當加強網路環境建設後，就會增加線上學習的效能，

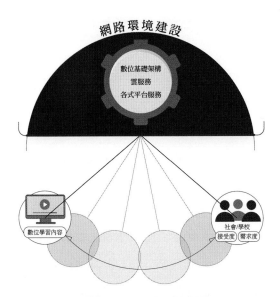

圖1-1　線上學習生態中，網路環境建設、線上學習內容、對線上學習需求度的依存關係。

降低線上學習的成本，也就可能促使更多人願意採用線上學習或提供線上學習內容。簡而言之，線上學習要能永續的健康發展，網路環境建設、線上學習內容以及對線上學習的需求度這三者間必須產生良性的互動。

瞭解了發展線上學習的三個要素，我們就可以大致說明在數位學習領域領導全球的美國發展線上學習的過程，也看一下臺灣過去三十年發展線上學習的歷史，然後經由比較美國與臺灣發展線上學習的異同點，或許可以從中歸納出一些重要的結論或教訓。

1.1 美國的線上學習發展歷程

大專校院往往是最早開始運用遠距教學的機構。19 世紀初期，美國已經有運用郵遞來進行函授學習的個案，但到了 20 世紀，電訊傳播技術才真正開啟了遠距教學的時代，也出現幾個可考的里程碑。1919 年，威斯康辛大學（University of Wisconsin-Madison）的一群教授架設了一個以教育為目標的廣播電台，並取得了聯邦政府認可的執照。1932 至 1937 年間，愛荷華大學（The University of Iowa）運用電視進行遠距教學。二戰結束後，為了使軍人能回歸社會，美國羅斯福總統（Franklin D. Roosevelt）於 1944 年簽署法案，補助退伍軍人就讀大學與職訓，當時的遠距教學主要以寄送教材與錄音帶，輔以電臺廣播來實施。

具有近代意義的「線上學習」可能首創於 1960 年代，當時美國伊利諾大學香檳分校（University of Illinois Urbana-Champaign）發展了自動教學用程式控制邏輯器（PLATO-Programmed Logic for Automated Teaching Operations），是世界上第一個電腦輔助教學系統，經由網路連結了十數台大型計算主機與上千台的螢幕，讓小學生到大學生都可以在彼此連線的電腦終端機上學習化學、音樂、數學或拉丁文。儘管當時還沒發明網際網路，但是在 PLATO 系統中已經提供了多種當代網路社群的原型功能，其中包括討論版、線上測驗、聊天室、遠端螢幕分享、多人遊戲等。1982 年，美西行為科學研究所（Western Behavioral Sciences Institute）的策略管理學院運用電話會議（teleconferencing）對經理人提供遠距課程。1984 年，加拿大多倫多大學也開始提供全線上課程。1989 年，鳳凰城大學（University of Phoenix）以其所開發的 CompuServe 程式，將學校轉型為全線上大學。1992 年，由慈善家史隆（Alfred P. Sloan）所創建的史隆基金會，設立了非同步學習網絡（Asynchronous Learning Networks, ALN，後改名為 Online Learning Consortium, OLC）。此後不但營利型的私立大專校院對線上學習的投入方興未艾，就連公立大學跟非營利院校也注意到以線上學習促進教育機會均等的可能性。1995 年，美西 19 個州的州長各捐資 100 萬美金設立美西州長大學（Western Governors University），希望透過線上教育替地廣人稀的洛磯山脈地帶提供高等教育機會。

　　以上這些重要的發展雖然具有指標性，仍只是星星之火，要造成

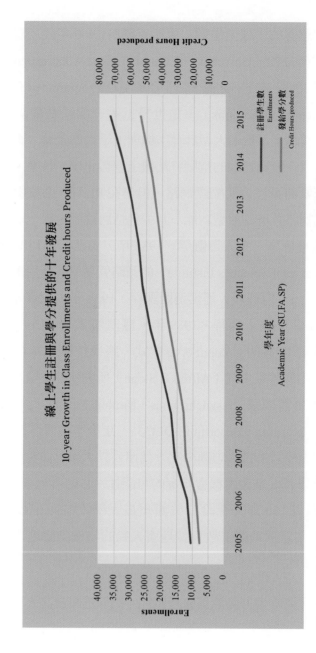

圖1-2　美國西北地區一所地廣人稀的中型公立大學，為達成州政府提升州民大學畢業人口的目標，自2005至2015十年間線上班級招生數和學分增長情形。

迤邐前行
線上學習與臺灣高等教育的下一個十年

燎原之勢，還是必須依靠成熟的網路環境建設、充實的線上學習內容以及大眾對線上學習的需求度。

一、網路環境建設

　　最早的網際網路並非為了社交、娛樂或教育學習的需要所創設，而是由美國國防部的高等研究計劃署（Advanced Research Project Agency, ARPA）為了方便署內不同單位及人員分享彼此的研究成果，於 1960 年代提出讓署內不同電腦相互聯結的構想，在 1970 年正式建立全球第一個電腦互聯網 ARPANet。之後許多新的電腦互聯網於 1970 至 80 年代開始陸續出現，其中包括由美國國家科學基金會（National Science Foundation, NSF）於 1981 年資助建立的知名電腦互聯網：國家科學基金網路（National Science Foundation Network, NSFNet），該基金會於 1986 年開始協助幾所美國大學建立國家超級計算中心，通過 NSFNet 專案提供網路接入和網路互聯，建立了美國大學之間互聯的骨幹網路，成為互聯網發展為開放式網路的重要一步。1991 年，全球資訊網（world wide web, www）首度在網際網路上向大眾公開。1993 年，伊利諾大學香檳分校的國家超級計算中心（National Center for Supercomputing Applications, NCSA）發明第一個網際網路瀏覽器 Mosaic，推動全球資訊網的爆炸性成長，並成為網路溝通的主流介面。

　　在網路連線仍利用撥接（dial-up）或 ISDN 固網的年代，網路頻

寬尚嫌不足（33.6~128 kbps），同步學習大抵只能透過傳統的廣播、電話或電視來進行。非同步的學習管理平台（learning management system, LMS） Blackboard、WebCT、eCollege 等則於 1997 年問世，這些平台讓使用者可以在線上經營教材、學習活動與測驗評量。近年來，學習管理系統的發展從 21 世紀初期的群雄並起，逐漸演變為由少數幾家獨占，而新冠疫情有可能加速了這個趨勢。從圖 1-3 中，可以看到採開放原始碼（open source）的 Moodle 平台搶占了美國至少四分之一的市場；在商用平台方面，美國本土公司開發的 Canvas 在 2010 年後快速崛起，是最大的贏家，其次是 Brightspace（之前名為 Desire2Learn），而 Blackboard 雖然在 2010 年代併購幾個名聲不錯的平台，使其市占率達到獨大，但在後來的競爭中失去了大量的用戶，這些失去的用戶多是轉向使用 Canvas 或 Brightspace。

特別值得一提的是，雖然 moodle 系統在美國高教市場的市占率並非最大，但在歐洲及其他世界主要市場的市占率卻是居於第一（圖 1-4），主因是 moodle 採取開放原始碼的策略，允許使用者免費取得系統的原始碼，然後建置自己的線上學習平台，這不只降低使用成本，也開放使用者參與學習平台的設計開發，不但具備客製化設計的彈性，也能集眾人之力推進技術進展。

在寬頻網路、網路攝影機以及 VoIP 技術成為人們上網連線的普遍標準之前，遠距教育裡即時影音互動的課室活動是難以想像的。在 2004 年的一個研究論文中探討 2002 年前有關同步線上學習的許多研究或報告發現，在 2002 年前因為技術限制，同步線上學習經常被描

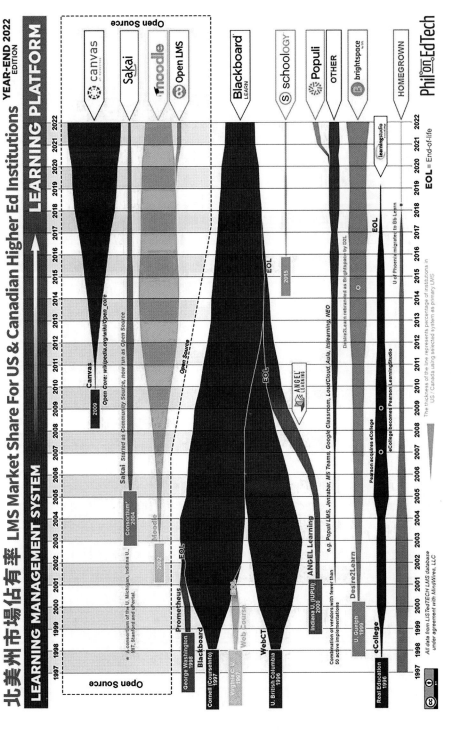

圖 1-3　學習管理系統在北美洲的市場占有率變化。©Phil Hill

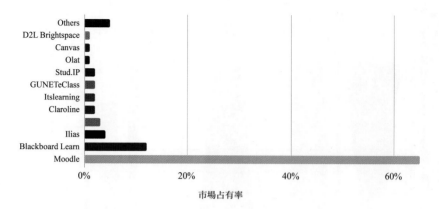

圖 1-4　2016 年學習平台在歐洲的市場版圖分布。©Review of Educational Research

述成「比面對面上課還要糟糕的學習模式」。也因為如此,非同步線上學習到 2005 年前一直都是線上學習的主流。不過這個現象在 2010 年後開始改變。隨著串流技術(streaming)的研發和頻寬的擴增,在線上學習環境中師生同步互動,參與共編活動、小組討論、進行簡報等,變得越來越流行。同步科技的進展,讓人們重新思考活化線上學習活動的各種可能,傳統/非傳統學生,或者在校/線上學生的界線也越來越模糊。2010 年,幾乎所有的美國大學都開始提供線上課程;在校學生也利用了線上學習的便利,在虛擬教室中,傳統和非傳統學生經常共聚一堂。這個融合的狀況也同樣發生在教師的教學上,即使是為在校學生開的課,教師仍然可以使用學習平台將教材、作業繳交等活動放在網站上,或讓教師與學生的面談改為線上進行。即時同步科技帶來了學習型態的改變,也推動了線上學習環境的轉化。

隨著網際網路的成熟與普及，透過網路共享的方式，由服務商提供軟硬體資源給網路上其他用戶使用的雲端運算（cloud computing）或雲端服務（cloud service）模式在 21 世紀初開始出現。其中最成功的案例之一就是亞馬遜公司（Amazon.com, Inc.）於 2002 年開始推出的亞馬遜網路服務（Amazon Web Service），它讓客戶可以經由網路使用亞馬遜提供的虛擬主機及系統服務等，大幅節省客戶原本需要投資的硬體建設成本及軟硬體維護人員費用。許多開放式或營利性的線上學習平台後來都是搭建在如此的雲端服務上，以節省經營的成本，這對線上學習產業的成形帶來極大貢獻。另外一個對線上學習有很大影響的發展則是 YouTube 這一類的影片分享平台，影音平台服務讓使用者可以免費上傳及觀看影片，這不只大幅降低了提供及使用線上學習影片的成本，更提升了提供及使用線上學習影片的便利性。在網際網路的發展過程中，雖然絕大多數創新的技術或服務模式原先並不是專為線上學習開發的，但線上學習都深受其利。

二、線上學習內容的開發

21 世紀前，在網際網路上可以取得的數位內容並不豐富，再加上當時線上學習主要是在高教機構內推行，因此一般大眾可以取得的線上學習內容更是稀少。網路數位內容的大量拓展，始自 21 世紀 Web 2.0 技術的成熟，讓所有網際網路的使用者都獲得在網路上置放內容的權利。曾有科技雜誌預測，累積至 2025 年，全球的數據量將

擁有 175 ZB 的資料（ZB：1024 Terabytes），這其中當然有不少具有可以「拿來學習」的潛能，但若要列舉真正啟動線上學習內容快速開發的重要事件，就必須提到開放教育運動（open education movement）及對線上學習有極為重要影響的開放式課程（OpenCourseWare, OCW）運動。開放教育運用係眾多開放教育活動的總稱，除了各國的空中大學在其中扮演重要角色之外，大學的開放教科書運動（Open Textbook）、開放期刊運動（Open Access Journals）等，都指向讓大學創發的知識能不受限制為全民所共享的理念。

　　就全球平均數據來看，接受高等教育的機會是稀有的，即使被認為高等教育相當普及的美國。根據 2021 年經濟合作暨發展組織（Organisation for Economic Cooperation and Development, OECD）的資料，其高教就學人口也不過占就學年齡層（25 至 34 歲）的 51.9%。因此當美國頂尖的麻省理工學院（Massachusetts Institute of Technology, MIT）基於開放教育理念推出開放式課程，打破地域與身分的限制，允許全球的學習者在線上免費觀看 MIT 校內課程內容時，就成為轟動教育界的重要事件。2002 年 9 月，MIT 經過一年多的籌備，正式對全球開放了第一個開放式課程網站（https://ocw.mit.edu/），將他們校內的課程教學內容免費在線上公布給所有人觀看。MIT 第一年只開放了大約 50 門課程的資料，儘管其中絕大多數課程僅提供部分講義，但已經造成話題。根據 MIT 開放式課程統計，2005 年及 2007 年 MIT 開放的課程數快速增加到 1,250 門及 1,800 門，

截至 2009 年，已累計吸引來自全球 8,600 萬人次的瀏覽量。

在 MIT 推出開放式課程之前，雖然也有大學教師或大學將零星的課程教材放在網路上與人分享，但還沒有頂尖大學主動、大規模地在網路上公開學校課程教材。自此之後，全球許多頂尖大學開始主動規劃將學校教材公開在網路上，其中來自全球約 300 所重要大學甚至組成了全球開放式課程聯盟（OCW Consortium, OCWC，後更名為 Open Education Consortium），造成了第一波的線上開放教育運動。

開放式課程運動雖然促使許多大學開始大量提供線上學習內容，其中包括教材講義及教學影片，但只是讓學習者在線上觀看，並沒有任何的教學互動或活動，因此僅能算是靜態展示，還不是完整的線上學習。直到 2008 年，George Siemens 與 Stephen Downs 提出聯結主義

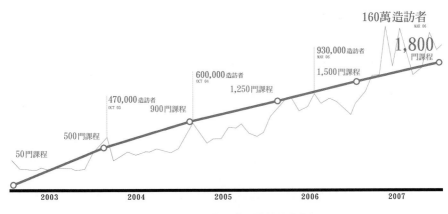

圖1-5　MIT 開放式課程網站的發展。

學習理論，主張透過開放讓不同背景的學生在線上共同修課，聯結成為學習網絡的方式，並將這種開放式的線上課程稱為 cMOOC（connectivist massive open online course, cMOOC），才稱得上是一個具備較高度互動的線上學習，CCK08、DS106、eduMOOC 等都是 cMOOC 的代表平台。cMOOCs 強調以學習者為主體，在點對點的學習當中，以學習者間的知識共創作為學習目標，課程中並無一定的教師，或者說，每一位參與者都是彼此的老師，也是彼此的同學，因此希望所有的參與者都是主動積極且目標明確的共學者，他們一同設定學習目標、一同發展學習進程、並鼓勵分享，將內隱的知識轉化為彼此可學的素材。由於 cMOOCs 在執行上需要較多的先備條件，例如參與者可能需要有較高的積極度及背景知識、課程的人數規模不宜太大等，也因此在擴展參與者上較有難度，並未被廣泛使用。

真正開啟磨課師風潮的，是以行為主義作為主要理論架構的 xMOOCs。xMOOCs 是比較接近典型大學授課方式的開放式線上課程，以教學者為中心向全世界擴散，建立一對多的師生關係，鼓勵學習者直接掌握學習內容。學習平台也是模仿傳統高等教育的學習活動與評量方式，有課程教學影片、作業、課後測驗等，最終以線上測驗、自我評估、同儕互動等作為評量依據。

2011 年，美國史丹佛大學的 Sebastian Thrun 教授在線上推出一門免費的人工智慧（Artificial Intelligence, AI）課程，吸引來自全球各地 16 萬人參加學習；同樣來自史丹佛大學的 Andrew Ng 教授在線上推出免費的機器學習（machine learning）課程，結果招到 10 萬名學

生；也在同年，MIT 的 Anant Agarwal 教授在線上推出了電路學（electroinc circuits）的免費課程，最後註冊的學生超過 15 萬人。這三門課程都是採取接近傳統大學授課方式的 xMOOCs，儘管整體編排較為傳統，但由於背後有名校招牌的支持，而且課程安排接近傳統學習情境，以學生熟悉的課程目標、學習單元、學習評量等要素加以編排，所以大受歡迎。這幾位教授隨後在 2012 年分別成立了 Udacity、Coursera 及 edX 三個磨課師平台，xMOOCs 也很快成為主流。

cMOOCs 需要參與者有較高的積極度及背景知識，因此在擴展參與對象上較有難度。xMOOCs 對學習者沒有過多的門檻限制、執行上較能迎合主流學習者的需求，因此網路上的 MOOCs 平台後來大多以提供較傳統的 xMOOCs 課程為主。不過這並不是說 cMOOC 的理想就沒有實踐的機會，一門好的磨課師課程，除了聚焦在師生互動，如何深化及擴大學習者彼此的社交學習（social learning）功能依然是重要的議題。

表 1-2　cMOOC 與 xMOOC 的異同

	cMOOC	xMOOC
時間	2008 年	2011 年
提出者	George Siemens 與 Stephen Downs	Sebastian Thrun、Andrew Ng、Daphne Koller 與 Anant Agarwal
代表平台	CCK08、DS106、eduMOOC 等	Udacity、Coursera、edX 等
學習理論架構	關聯主義	行為主義
互動關係	強調學習者為主體、點對點學習，建立社交網絡	強調教學者為中心，建立一對多關係
學習目標	學習者與學習者的知識共創	學習者對知識的直接掌握
教學內容	創新與開放的內容安排	以傳統教學方式，規劃課程影片、每週作業與課後測驗等
評鑑方式	教師依據學習者的獨特性進行綜合評估	以平台測驗、自我評估、同儕互動等方式

　　由於 Udacity、Coursera 及 edX 三個平台在推出後立即獲得巨大的成功，《紐約時報》將 2012 年稱為磨課師元年，在不到五年的時間，大規模開放線上課程抱持著將教育免費開放給全世界的理念，成為線上學習的新地景，也是繼開放式課程之後另一個大規模催生線上學習內容的全球性運動。雖然磨課師的界定隨著時代演進而有改變，但總結來說，磨課師是「理論上無人數上限、允許任何人參加、原則上學習不收費、基本上由線上進行學習、一門一門依學科組織設定好學習目標的課程」，而且磨課師有一個與開放式課程相當不同之處，那就是磨課師不限定是大學裡的既有課程，因此可以有全新的設

計空間，例如磨課師可以只有短至兩個小時的教學影音、可以教授大學裡通常不會教的內容、可以是專為某種在職訓練或學習興趣客製化的內容，因此磨課師提供了遠較開放式課程更多樣的線上內容。根據 Class Central 統計，全球 MOOC 課程數量從 2015 年的 4,200 門快速增加到 2021 年的 19,300 門，其中在新冠疫情發生之後的兩年期間（2020 至 2021 年），就大幅增加至少 6,000 門（不包括中國的資料），這其中還可能漏算了許多在非歐美地區、非英語授課的磨課師課程。

三、對線上學習需求度的發展

　　遠距學習的需求通常源於希望即使不去學校、也能取得學歷或學位。19 世紀中期，當郵政與電報系統在歐美各國出現，不在校的就學成為學習者的可能選項之一。例如在歐洲，倫敦大學（University of London）於 1858 年已經可以透過函授的方式取得大學學位。20 世

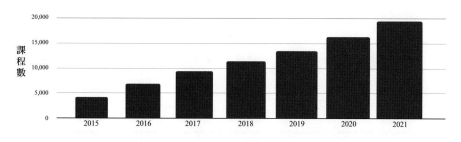

圖 1-6　全球磨課師 2015 至 2021 年課程統計。© Class Central

紀初期，在收音機成為人們接受訊息的穩定管道之後，美國的威斯康辛大學（University of Wisconsin）、芝加哥大學（University of Chicago）、賓州州立大學（Pennsylvania State University）便開始提供函授搭配收聽廣播，在家學習取得大學學歷或研習證書的方案。此時，「遠距教育」（distance education）的觀念被正式提出，成為獲取高等教育學歷或學位的補充機會。二次世界大戰戰後，因為電視普及，遠距教學課程開始交由空中大學／開放大學（open university）統一製播成電視節目，並由其專責授與遠距教育的學分與學位，正式制度化的成為高等教育一環。待網際網路成熟，伊利諾大學香檳分校的圖書資訊研究所於 1996 年開辦圖書館教育線上碩士學位學程（Library Education Experimental Program, LEEP）；1998 年，該校教育學院跟進提供線上人力資源教育碩士學位學程（Human Resource Education）。2005 年後，隨著網路科技深植於人類生活當中，實體與虛擬的邊界更漸行模糊：遠距的線上學生有機會到校上課，在校的面授學生也有機會選修線上課程，線上學習從一種「不同於面授的另類學習模式」，成為高等教育「多種學習樣貌」裡活躍的一員。遠距學習模式從補救失學的成人教育、到全線上學習可以獲得學分跟學位，說明高等教育機構對線上學習的接納與需求逐步提升。

隨著美國各大學普遍採用線上教學，美國大學生對線上學習的認可及需求也快速成長。根據美國聯邦教育部國家教育統計中心（National Center for Education Statistics）的數據顯示，2000 年時，僅有 8% 的美國大學生修過線上課程，但在 2019 年新冠疫情前的調查，

該比例已經達到 37.3%。另外，2016 年公布的資料顯示，美國於該年就有 630 萬的在校大學生選修至少一門線上課程，可見線上學習已經廣為大學生所接受。線上學習的需求也促使了高等教育改革，觸發各種教學形式的嘗試，例如同步教學、非同步教學、翻轉教室（flipped classroom）、混成學習、磨課師等，這樣的改變不僅僅為教學方式提供了面授之外的選擇，也擴大了大學教師及學生在教與學的時空彈性。相對於高等教育，學者 Barbour 指出，在新冠疫情之前，美國中小學師生的線上教學經驗甚少，僅有約 5% 至 8% 的學生有線上學習的經驗、11% 的師培機構提供教師有關如何進行線上教學的課程。

線上學習可以發揮作用的場景很多，學校教育雖然是其中非常重要的一環，但卻不是能見度最高的一環，線上學習需求市場生態圈中能見度更高的一環應當是開放教育。由於開放教育是希望將教育內容免費、無限制、全面地對所有人開放，所以最能引起社會大眾的注意及迴響。根據 MIT 公開資料，從 2002 年 9 月創立至 2003 年 6 月，MIT 正式推出全球第一個開放式課程網站後，在一年內就吸引了 1 億次的網頁點擊量，讓所有人第一次體驗到一般大眾對線上學習資源的渴望，但開放式課程還不是真正的線上學習課程。2012 年，磨課師出現後，一般大眾開始可以在線上免費接觸到完整的線上學習課程，再度掀起全球線上學習熱潮。磨課師有一個與開放式課程相當不同之處，那就是磨課師不限定是大學裡的既有課程，因此可以有全新的設計空間，提供了遠較開放式課程更多樣的線上學習內容，也更能滿足不同學習者的各類需求。所以當開放式課程的使用者主要是在校學生

時，Coursera 官方網站的用戶分析卻顯示，超過 70％的磨課師使用者是已經自大學或研究所畢業的人士，所以磨課師獲得的社會關注度遠高於開放式課程，對提升線上學習的能見度及一般大眾對線上學習的需求度有極大的貢獻。以全球最大的磨課師平台 Coursera 為例，其註冊使用者人數在 2021 年達到 9 千 7 百萬人。2022 年統計，英語系世界的平台如 Coursera、edX、 FutureLearn 等的總體使用人數已達 2.2 億人。

1.2 臺灣的線上學習發展歷程

一、網路環境建設

與美歐國家相同，臺灣早期的互聯網路基礎建設主要是由政府主導及推動。1970 至 90 年代間，由於臺灣正確的國家政策，資訊產業開始打下基礎，互聯網逐漸普及至政府機關、民間機構及各級學校，1990 年臺灣學術網路（Taiwan Academic Network, TANet）正式開始運作。

前美國總統柯林頓在其任內（1993 年）宣布國家資訊基礎建設計畫後，臺灣政府亦於 1994 年推出臺版「國家資訊通信基礎建設」（National Information Infrastructure, NII）專案，列出了多項優先推動

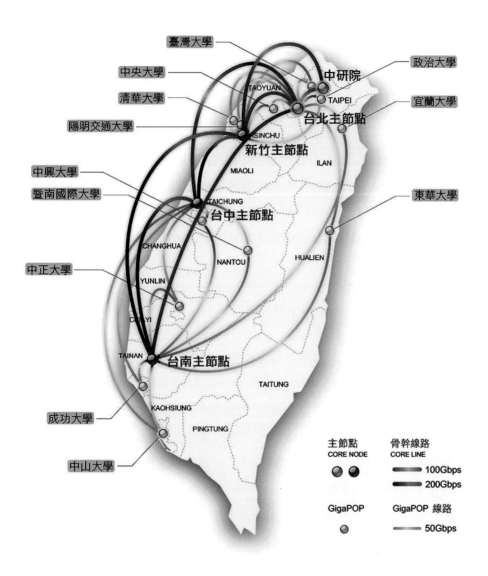

臺灣大學

中央大學

清華大學

陽明交通大學

中興大學

暨南國際大學

中正大學

成功大學

中山大學

政治大學

中研院

宜蘭大學

東華大學

TAOYUAN

TAIPEI

HSINCHU

台北主節點

台中主節點

新竹主節點

MIAOLI

ILAN

TAICHUNG

CHANGHUA

NANTOU

HUALIEN

YUNLIN

CHIAYI

TAINAN

台南主節點

TAITUNG

KAOHSIUNG

PINGTUNG

主節點 CORE NODE	骨幹線路 CORE LINE
⬤ ⬤	100Gbps
	200Gbps
GigaPOP	GigaPOP 線路
⬤	50Gbps

圖 1-7　2021 年臺灣學術網路骨幹與主節點。©國家高速網路與計算中心

的工作項目，其中也包括開始發展臺灣的線上學習。1999 年起，教育部推動中小學使用 ADSL 連線至 TANet，讓資訊教育向下紮根，TANet 成為全臺灣各級學校網路及資訊教育的核心骨幹。另外，由經濟部主導的資訊工業策進會（簡稱資策會）也配合開始投入發展數位學習系統。2000 年資策會輔導開發出臺灣第一個自主研發的線上學習管理系統「龍門課站」，提供程式語言等 18 門線上學習課程。就在同年，中央大學也主導開發完成共創共用教育資源的開放式網路教育平台「亞卓市」，提供全國愛學者專屬的學習社群服務。龍門課站與亞卓市的開發都早於目前全球使用最為廣泛的 Moodle 系統，而且在初期取得巨大的成功，可惜以上兩個平台後來未能持續發展。

二、線上學習內容的開發

　　為配合「國家資訊通信基礎建設」專案，有計畫地推動線上遠距教學，教育部於 1995 年委託資策會，針對遠距教學的需求及推展策略進行分析及規劃，以為推動遠距教學的依據，並隨後於 1996 年通過《大學遠距教學實施辦法》，定義授課時數二分之一以上以遠距教學方式進行之課程為遠距教學課程，正式將線上學習納入高等教育政策管理的範圍。教育部後於 1997 年向行政院提報「遠距教學中程發展計畫」，同年通過「專科以上學校開辦遠距教學課程試辦作業要點」。由於教育部政策性的鼓勵，國內各大學開始嘗試推出網路教學課程，依教育部電子計算機中心統計，85 年度（1996 至 1997 年）有

30 所大專院校開設 22 門課程，到 87 學年度（1996 至 1997 年）已有 71 所大專校院開設約 100 門課程。

除了由教育部鼓勵大專院校嘗試線上教學外，進入 21 世紀後，政府也開始推動幾個與數位內容或數位學習有關的國家型計畫。2002 年由行政院國家科學委員會（國科會）主導，中央研究院、國史館、故宮博物院、國科會等單位協辦的「數位典藏國家型科技計畫」開始啟動。主要目標是將國家重要文物典藏與文化資冊數位化，然後以國家數位典藏促進人文社會與數位典藏產業的發展，並訓練儲備所需人才。計畫期程四年，總經費約 25 億臺幣，該計畫於 2006 年結束，成果包含：

(1) 促成中研院、國史館、國史館臺灣文獻館、自然科學博物館、故宮博物院、臺灣大學、歷史博物館、國家圖書館、臺灣省諮議會等機構典藏品數位化，數位化媒材總筆數達 250 萬筆。

(2) 發表論文 340 篇、會議論文報告 1,000 篇。

(3) 建立數位典藏國家型科技計畫入口網站，迄計畫結束總瀏覽人次達 208,906 人次。

(4) 辦理年度成果展，觀展人次達 14,000 人次。

由於「數位典藏國家型科技計畫」著重於政府機關的文物典藏，較缺乏應用或與產業推動相關的執行內容，因此 2003 年開始執行更重視社會推廣及產官學合作的「數位學習國家型科技計畫」，此計畫由國科會主導，文化建設委員會（文建會）、經濟部工業局、故宮博

物院、勞工委員會、衛生署、客家委員會、原住民委員會、國防部、教育部、僑務委員會等單位協辦，分為「全民數位學習」、「產業發展」、「學術與技術研發」三大部分，旨在加強政府部門利用數位學習提供民眾服務及提升國內數位學習產業的發展。

「數位學習國家型科技計畫」全程四年、總經費33億，主要計畫執行成果包括：

(1) 在社會科學引文索引（Social Science Citation Index, SSCI）六大數位學習核心期刊上，臺灣論文數量及論文被引述數量皆達世界第三。

(2) 制定數位學習教材品質認證標準，並輔導企業引入 e-learning，推動臺灣前 1,000 名產值公司，企業內訓使用數位學習比例升至 52.3%。

(3) 協助傳統教育訓練機構如勞委會、原民會、客委會、故宮博物院等機構，建置數位學習網站，提供多元管道，協助民眾提升數位學習技能（各網站使用成果見表 1-3）。

由於計畫有將「產業發展」納入工作項目中，對提升臺灣數位學習產業確有實質貢獻，但在推廣各級學校或全民利用線上學習方面，卻沒有太明顯的成效。

政府為繼續擴大以上兩項國家型科技計畫之綜效，於 2008 年啟動「數位典藏與數位學習國家型科技計畫」，由國科會主導，教育部、經濟部、中央研究院、國史館、故宮博物院、新聞局、國家科學

委員會、研究發展考核委員會、原住民族委員會、客家委員會、勞工委員會、人事行政局、文化建設委員會、僑務委員會等單位參與協辦。目標包括應用數位典藏內容促進相關產業、教育、研究與社會發展，深化數位學習在正規教育與終身學習中的應用，並推動國際化及建立國際合作網路。計畫執行期間共四年，總投入經費 11.5 億元，主要成果包含：

(1) 建立計畫入口網站並發行電子報與出版品，推動數位典藏於校園課程、博物館展演中轉化為教材使用，累積瀏覽人次超過 150 萬人次。

(2) 舉辦數位典藏與數位學習的國際研討會共 107 場、發表學術論文共 2,416 篇，於 SSCI 期刊論文發表總量與引用次數皆達世界第二。

(3) 研發並推廣數位典藏與數位學習技術，發展數位學習產業，總產值達 510 億元（以產業範疇來看，其中數位教材為 94.8 億元、平台／工具為 27 億元、學習服務為 170.5 億元、學習用硬體為 173.2 億元、數位典藏為 45.3 億元）。

「數位學習國家型科技計畫」及「數位典藏與數位學習國家型科技計畫」雖然都已將推廣數位學習納入執行項目，但並未針對學習者的需求設計線上學習內容，導致上述計畫沒有產生太多符合學習者需要的線上學習內容，也難以吸引線上學習者的使用，因此對臺灣發展線上學習環境並未產生足夠的影響。數位典藏及數位學習國家型科技計畫補助成立的部分網站及其使用人次請參見下表。

表 1-3　各數位學習網站成效

啟用時間	網站名稱	所屬計畫	課程開發	2023 年狀態	使用人次（計畫期間）
2002	入口網站	數位典藏國家型科技計畫	無	未提供服務	208,906
2003	臺灣 e 學院	數位學習國家型科技計畫	96 門	未提供服務	3,677,651
2003	哈克網路學院	數位學習國家型科技計畫	103 門	未提供服務	70,740
2003	CASE 網路學院	數位學習國家型科技計畫	223 門	未提供服務	1,101,158
2003	故宮 e 學院	數位學習國家型科技計畫	63 門	未提供服務	約 130,000
2003	臺灣原住民族文化歷史學習網	數位學習國家型科技計畫	53 門	未提供服務	89,384
2003	臺灣原住民族快樂兒童學習網	數位學習國家型科技計畫	15 門	未提供服務	34,593
2003	臺灣原住民族教材資源中心	數位學習國家型科技計畫	8 門	未提供服務	4,797
2003	全球華文網路教育中心	數位學習國家型科技計畫	52 門	未提供服務	（未知）
2003	全民勞教 e 網	數位學習國家型科技計畫	130 門	未提供服務	300,335
2003	中小學 APEC Cyber Academy 學習平台	數位學習國家型科技計畫	12 門	未提供服務	79,644
2003	環境變遷及永續發展	數位學習國家型科技計畫	1,000 門	未提供服務	30,661
2003	離島及邊遠地區中小學在職教師遠距培訓	數位學習國家型科技計畫	20 門	未提供服務	8,451

2008	全球華文網	數位典藏與數位學習國家型科技計畫	無	持續更新	約 11,600,000
2008	入口網站	數位典藏與數位學習國家型科技計畫	無	停止更新	6,092,506
2008	中國西南少數民族資料庫	數位典藏與數位學習國家型科技計畫	無	停止更新	17,447

三、對線上學習需求度的發展

真正啟動國內各大專院校大規模投入線上學習課程、影響臺灣線上學習風氣的，是臺灣本土的開放式課程運動。因為受到全球開放式課程運動的啟發，2004 年時，奇幻小說《魔戒》中文譯者朱學恆利用其建立的「奇幻文學基金會」成立了 oops 網站（opensource opencourseware prototype system），徵求義工投入 MIT 開放式課程的中文翻譯與推廣，吸引大量臺灣民眾使用，甚至曾在 2004 年使得臺灣成為美國本土外造訪 MIT 開放式課程網站頻率第二高的國家（第一名為印度），但是臺灣的大學遲至 2006 年才開始響應全球開放式課程運動。

2006 年，教育部推出「發展國際一流大學及頂尖研究中心計畫」（簡稱邁向頂尖大學計畫或五年五百億計畫），第一個五年期計畫補助了 17 所大學每年共約 100 億經費。2007 年陽明交通大學（以下簡

稱陽明交大，當時為交通大學）利用這個計畫中的一部分經費，推出臺灣第一個由大學主導經營的開放式課程網站，初期提供 15 門課程，其中包含 6 門完整隨堂錄影的全影音課程，2008 年增加至 31 門，其中 18 門為全影音課程，累積至 2023 年初，陽明交大開放式課程共提供 319 門課程，其中 294 門為全影音課程。

陽明交大開放式課程推出的全影音線上課程啟動了第一波臺灣高等教育的線上學習熱潮。由於影音學習內容才是大多數線上學習者及自學者最需要的教材，因此儘管剛推出時，課程總數並不多，陽明交大仍收到廣大迴響，並快速累積使用者。根據 Google Analytics 統計，僅 2008 年一年期間就有 33 萬人次造訪陽明交大開放式課程網站首頁，課程影音觀看及下載次數更高達 1,600 萬次，這還沒有計算許多經由其他網站（包括中國網站）觀看或下載陽明交大開放式課程的人次數量。

陽明交大開放式課程的成功經驗，促成國內多所頂尖大學（如臺灣大學、清華大學、臺灣師範大學等）陸續推出自校的開放式課程網站。2008 年由 15 所大學共同組成的臺灣開放式課程聯盟（Taiwan Open Course and Education Consortium, TOCEC，現為臺灣開放式課程暨教育聯盟）正式成立，至 2020 年已有 19 所大學參與，累積提供約 1,400 門課程，其中超過 80% 的課程提供完整隨堂錄製影音。每年各大學開放式課程網站累計瀏覽量超過 2,000 萬次，使用者涵蓋 175 個不同的國家及地區，顯示臺灣的開放式課程蓬勃發展，並漸進擴大社會對數位教育的接受度、吸引更多潛在學習者、推升學習需求，使線

上學習逐漸成為教育中的重要選項。

　　由於看到學生對開放式課程的需求，相關需求也從大學端與成人教育向下延伸至中小學。2012 年，仿效美國 Khan Academy 線上教學平台的均一線上教育平台在臺灣成立，初期主要提供中小學數理教學課程。由於教材內容符合教育現場需求，且可補足國中小數位學習的需求缺口，使均一平台快速發展為臺灣最多中小學生使用的線上教育平台之一。

　　2012 年，隨著美國磨課師風潮盛行，「翻轉教室」（或稱翻轉式教學）開始盛行，並很快成為教育界的顯學。所謂翻轉教室，是由學生先在家中觀看老師準備好的課程內容，到教室時再和老師一起複習內容、完成作業或討論問題等。由於傳統教學是學生先在課堂上聽老師講課，然後再回家寫作業或複習，這種新穎的學習方法似乎將學生在家裡與教室進行的學習活動對調，因此被稱為「翻轉」教室。其實，翻轉教室早在 2000 年已經出現，只是早年的翻轉多是讓學生回家自行觀看老師的講義或課本，學習成效並不明顯，沒有受到太多的注意；但是當磨課師受到大眾的歡迎後，提供了完整的教學影片與練習、互動活動，非常適合學習者自行在家學習，學者便開始大力鼓吹。翻轉教學的概念被許多線上學習推動者廣泛引用，在 2012 至 2013 年間甚至被國內多所頂尖大學的校長在公開場合提及，許多中小學老師培訓課程也開始介紹翻轉式教學，這些都可歸功於磨課師盛行帶來的效應。

2013 年，教育部組織改造，部內的電子計算機中心、顧問室及環境保護小組等單位整合成為資訊及科技教育司（簡稱資科司），成為教育部負責規劃與推動數位學習政策、數位教學資源統合的主要單位。2014 年，資科司啟動多個「數位學習推動計畫」，其中最重要的項目之一，就是「磨課師課程推動計畫」（簡稱磨課師計畫）。這個計畫主要補助各大專院校設計製作磨課師課程，持續到 2019 年，2022 年之後接續更名為「大學深化數位學習推動與創新應用計畫」，仍然以磨課師課程的內容、教師精進與深化運用為計畫主軸，故又稱為第二期磨課師計畫。這一系列計畫於八年期間補助了 70 所大專院校、總計約 3 億 6 千萬臺幣，製作了 560 門課程，各課程累積註冊學習人數合計超過 46 萬人，使用總人次超過 1,400 萬人次，也就是說，每門磨課師課程平均有超過 820 人選修。如果拿這樣的修課人數與美國 Coursera 平台的課程相比，Coursera 面對全球至少 10 億英語學習人口，以臺灣的總人口數僅有 2,400 萬，而一門有 820 人選修的磨課師課程相當於美國 Coursera 平台上一門超過 33,000 人選修的課程，這樣的成果與美國名校的磨課師課程相比，成績也是相當不錯的。

表 1-3　103-110 年度臺灣磨課師相關計畫的課程發展統計表

計畫別	年度別	參與徵件學校數	徵件課程數	補助學校數	補助課程數
課程推動計畫	103	82	327	47	99
磨課師課程推動計畫	104	93	247	31	54
磨課師課程推動計畫	105	89	236	38	69
磨課師課程推動計畫	106	83	196	21	32
磨課師系列課程計畫	106-107	56	285	16	76
磨課師課程推動計畫	108	29	52	19	26
大學聯盟深化數位學習推展與創新應用計畫（一）	108-110	50	NA	12	204
大學聯盟深化數位學習推展與創新應用計畫（二）	111-113	NA	NA	32	進行中

　　若是將磨課師計畫與「數位學習國家型科技計畫」及「數位典藏與數位學習國家型科技計畫」相比，可以看到磨課師計畫平均每年投入不到 5,000 萬臺幣，於八年間吸引了至少 1,400 萬人次的使用；兩個國家型計畫平均每年投入超過 8 億臺幣，所衍生的數位學習網站至今吸引約 2,400 萬人次的瀏覽。看似國家型計畫成效尚佳，但若考慮投入經費與每個觀看人次的成本，會發現磨課師計畫的每次觀看成本

為 3.6 元，遠低於數位學習國家型計畫的 34.2 元。顯而易見，兩個計畫產生的投資效益相差接近 10 倍！就增加線上學習內容及提高民眾對線上學習的需求度而言，磨課師計畫的投資報酬率遠高於兩個國家型計畫。

教育部資科司推動磨課師計畫採取的另一個重要策略，就是不補助、也不指定單一特定平台來展示磨課師課程，而是同時推薦數個平台給製作課程的大專院校參考運用。當時臺灣有四個具體成形的磨課師平台，分別是由捷鎣科技公司設立的 Sharecourse（學聯網平台）、陽明交大經營的 ewant 育網開放教育平台（以下簡稱 ewant 育網平台）、逢甲大學主導的 OpenEdu（中華開放教育平台）與空中大學及陽明交大合作的 TaiwanLIFE（臺灣全民學習平台）。其實以臺灣的市場規模，應該不足以同時支撐這麼多的磨課師平台，而資科司之所以採取這個策略，可能是基於以下幾點：首先，過去大多數由政府主導建立的網站，其經營績效通常不是很好；其次，由於當時國內外的磨課師網站都尚處於萌芽階段，其永續經營模式尚不明朗，因此需要利用市場機制，讓各平台進行良性競爭，並期待至少有一至兩個磨課師平台找到永續經營的方法。截至 2022 年，Sharecourse 已經退出磨課師市場，就經營規模及註冊使用人數而言，ewant 育網平台為目前臺灣最大的磨課師平台。

ewant 育網平台由陽明交大於 2013 年推出，是臺灣第一個由大學經營的磨課師平台。2014 年，陽明交大與空中大學合作，運用遍布全國的空中大學教學中心，舉辦了臺灣第一次磨課師課程實體認證考

試，讓課程的學分獲得社會肯定，並於 2015 年將磨課師課程擴大深化應用，包括推動跨校採認的通識教育學分課程及企業教育訓練使用的線上課程。配合 108 高中新課綱的施行，ewant 育網平台從 2018 年起將大學提供的線上課程以各種形式推薦給高中教學端，其中包括讓高中生自主學習的課程、與高中教師合作的多元選修課程、高中人才培育課程及大學先修學分課程等，高中的使用人數快速增加，將線上學習逐步融入教學現場，成功利用線上學習建立起大學與高中的連接管道。2021 年，ewant 育網平台更進一步為高中在其平台上設立由高中自主經營的數位教學專區，其目標是希望各高中職都可以擁有自主經營的數位教學平台，透過建立自己的數位教學經驗，累積自校的數位學習大數據。桃園市於 2021 年 8 月與陽明交大簽約合作，為第一個採用 ewant 育網平台為桃園市所有 38 所高中職設立數位教學平台的縣市。新北市及基隆市隨後於 2022 年、新竹市於 2023 年與陽明交大簽訂長期的數位課程合作協議。

　　ewant 育網平台成功利用其頂尖大學主導、海納全國高等院校與學術機構的內容優勢，幫助平台的校院夥伴把製作的課程多角化經營。截至 2023 年 9 月，ewant 育網平台已經與全台約 100 所大學合作推出約 1,000 門課程，累積 50 萬註冊使用者，開課次數超過 10,500 課次，簽約合作的高中職超過 190 所，成為臺灣最重要的磨課師平台，也為臺灣磨課師平台的永續發展建立了一個與歐美平台不同的模式。

　　隨著臺灣社會大眾對線上學習的接受度與需求度逐步提高，許多營利式的商業平台也應運而生，其中一個具有代表性的平台就是

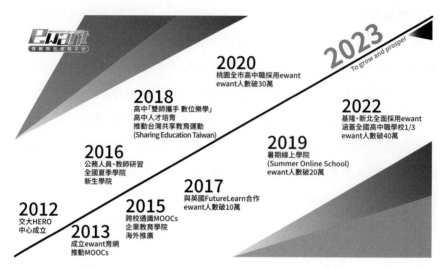

圖 1-8　陽明交大 ewant 育網開放教育平台的重要里程碑。

Hahow 好學校。Hahow 好學校成立於 2015 年，初期經營時結合線上課程與眾籌募資，幾乎任何人都可以向 Hahow 好學校提出開設線上課程的方案。只要達到募資門檻，就可以在 Hahow 好學校開課。這是嶄新的線上內容產製方式，卻意外填補了線上學習市場的一處空白。首先，Hahow 好學校成立一年後，平台上開課的「老師」有 40％是在校學生，也就是說 Hahow 好學校給予更多人（不論身分）可以提供線上學習內容的機會。但是，這些「老師」及課程仍然必須通過募資標準才能開課——利用了大眾市場的胃口來審核課程，有別於一般學校以知識水準作為審核教師跟課程的機制。而所開課程如 Beatbox（節奏口技）、魔術到咖啡拉花等，這些多被傳統上認為是

「興趣」的非正規課程，卻吸引了大批年輕族群，滿足了一類長期以來被忽視的線上學習需求，Hahow 好學校因此快速成長，也在站穩腳步後，將其經營方向逐步向其他領域（例如企業教育訓練市場）拓展。不過在其發展過程，也曾引發爭議，像在 2022 年底，百萬 YouTuber 理科太太在 Hahow 好學校推出「諮商筆記」課程，因她本身非心理諮商師，卻聲稱自己是經過心理諮商 100 小時的「學姊」經驗分享，造成諮商專業工作者強烈抨擊課程可能違反《心理師法》。理科太太雖然主張諮商筆記不是諮商，但最後仍然決定下架課程並全額退費。

根據媒體報導，2019 年，Hahow 好學校的年營業額為 1.5 億臺幣，2020 年新冠疫情爆發，其年營業額成長 1.5 倍，達到 2.7 億元，2021 年，營業額再度成長超過 1 億元，達到 3.8 億元。臺灣的新冠疫情並不是十分嚴重，但仍能夠促使更多的學習者嘗試像 Hahow 好學校這樣的線上學習平台。Hahow 好學校的成功，正是這幾年在新冠疫情嚴重地區（例如美國），線上學習及線上學習平台面臨暴漲需求的縮影。

1.3 新冠疫情下線上學習的挑戰與機會

新興傳染病是指在人類身上首次出現的傳染病，因為往往發生突然，所以一旦出現，人類會無法立即因應，迫使社會不得不隨之緊急

改變，以求生存。例如自 1996 年被發現、至今仍不時侵襲全世界的禽流感、2003 年散布到至少 29 個國家和地區的嚴重急性呼吸道症候群（SARS）、2009 年發生的全球性流感 H1N1，以及 2020 年爆發的新冠肺炎疫情，這些新興傳染病莫不對社會的政治、經濟、文化或教育產生深遠影響。

在常見的社會組織或機構中，學校的人口密度可能僅次於監獄跟軍隊，再加上學校廣泛設置及學生經常流動的特性，更使其成為傳染疾病的高危場所，因此，無論是事前預防、衛教，乃至於事後阻斷新興傳染病，學校是最重要的防線之一。

一、各地教育機關因應之道

2019 年 12 月，中國出現第一個 COVID-19 確診病例，而後面對疫情的不可控性，祭出雷厲風行的大型封城與行動管制措施來壓制病毒的傳播，中國教育部於 2020 年 1 月 27 日宣布延期開學，並利用國家中小學網絡雲平台，以部編教材及各地使用較多的教材版本為基礎，提供中小學一至十二年級的線上學習資源，建立統一的課程表，提供網路點播課程。該平台並配有教師與班級、學生在線講課、互動輔導功能等。至於農村及偏遠地區等沒有網路的地方，則安排教育電視台播放有關課程和資源的內容，以彌補設備上的城鄉差距。針對大專院校，北京以提供遠程教育為主的國家開放大學聯合多所高校通過 MOOC2U 平台，免費為有提升學歷需求的高等繼續教育人群提供線

上學習服務，以保障停課不停學。其他諸如中國的大學 MOOC、學堂在線、好大學在線、優課聯盟等多個慕課平台（中國稱 MOOCs 為「慕課」），也於疫情期間配合大學需求，增加遠距授課、直播授課等功能。以學堂在線為例，通過智慧教學平台「雨課堂」支持教師的線上直播教學；同時向大學開放 1,600 門慕課資源，供各大學引進作為學分課使用；平台也面向全國教師開展持續一個月的公益線上教學發展培訓，並更新考試系統。疫情期間累計有 1,325 所大學利用學堂在線及雨課堂等開展多種形式的線上教學，累積服務超過 100 萬大學教師及 1,800 萬學生，運行 314 萬門課程及 421 萬個班級。

香港則是在 2020 年 1 月 21 日發現確診首例，為減低疫情擴大的風險，香港政府於 1 月 25 日宣布全港中小學、幼稚園及特殊學校停課，經歷數次的延遲復課，5 月 5 日宣布分階段復課，並將課堂全部改為半日制。然而，7 月 10 日爆發第三波疫情，遂下令中小學與幼稚園提前於 7 月 13 日開始放暑假。疫情期間，香港教育局針對中小學設立「運用電子學習模式支援學生在家學習」專頁，提供老師教學參考資料及資源，以便運用電子學習平台、翻轉教室和實時網上授課等不同電子學習策略，支援學生在家學習。同時，教育局一站式學與教資源平台也提供不同課程領域的中小學資源；至於大專院校部分，則是採取自主線上授課形式。

為防止感染擴大，日本文部科學省（同臺灣的教育部）則是在 2020 年 3 月 2 日宣布，全國 3 萬 2,384 所公立小學、中學、高等學校統一實施停課。受疫情影響，日本政府原定 2023 年替全國中小學生

配備 Chromebook 的計畫，也提前至 2020 年實施，疫情加速了政府推動數位學習的速度。為使學生在疫情期間能夠持續學習，文部科學省開設「家庭學習支援門戶」網站，內容涵蓋幼稚園至高中階段學生在家庭學習所需的教材及課程資源。

　　同期，歐美地區的疫情更為嚴峻，歐盟委員會曾在官方網站中建立「冠狀病毒學習資源：線上平台」（Coronavirus Online Learning Resources: Online Platforms，現網址已失效）頁面，整理出多個教育工作者或成人學習者可使用的線上平台。聯合國教科文組織也建立「遠距學習解決方案」（Distance learning solutions）頁面，列出多項可作為遠距教學的平台，例如 Moodle、Google Classroom 等學習管理系統；Kolibri、Rumie 等離線學習平台、Canvas、Coursera 等 MOOC 平台；Duolingo、Quizlet 等自主學習平台；Skype、Zoom 即時通訊平台，以及手機閱讀應用等資源。

　　2020 年 1 月 28 日，臺灣出現首起新冠肺炎本土病例，為維護師生健康、將傳播風險降到最低，中央流行疫情指揮中心於同年 2 月 2 日決議，高級中等以下學校與公、私立大學 108 學年度第 2 學期開學日延後兩周至 2 月 25 日開學。這項措施發布後讓教師們必須思考該採取何種方式取代傳統面授課程，該如何在不拖延授課進度的情況下保障學習者的受教權。為了超前部屬，教育部在同月 27 日發布「線上課程教學與學習參考指引」，統籌線上課程推動及人力與資源調配，協助師生熟悉線上教學操作，為中央、地方、學校師生提供停課不停學的相關實施方針；3 月 10 日舉行「公私協力線上教學演示」

記者會，示範師生如何利用視訊軟體 Zoom、Google Meet，搭配即時反饋系統 Kahoot! 等線上資源進行同步線上學習。

因應防疫期間學習需求，在教育部教育雲「防疫不停學—線上教學便利包」的網頁上，分別針對中小學與大專院校不同需求，詳細列出同步教學、非同步教學、混成教學三種模式可搭配的教學軟體、操作方式及其他可使用的線上平台。例如針對中小學教材所成立的教育部因材網、均一教育平台、PaGamO 線上遊戲學習平台；或根據大專院校教學、研究之用的開放教育資源平台（OER）、臺灣磨課師課程網（Taiwan MOOCs）、ewant 育網平台等。除了政府機關推廣線上教育不遺餘力，臺灣教科書出版協會因應新冠肺炎疫情，也於 2020 年 3 月 4 日針對全國中小學提供「停課不停學」線上學習實施辦法，國中小教科書業者也成立「疫情學習專區」，開放國中、國小學生及家長下載使用教科書教材、講義、習作與學習單等線上學習資源。

臺灣因政府與民眾警覺性高、攜手抗疫，受到新冠疫情的影響相對較其他地區或國家小很多，直到 2021 年 5 月才出現本土大規模傳染。直到 2021 年 5 月 18 日，教育部才宣布各級學校停止實體授課，改為線上教學。直到 2021 年 6 月底學期結束，總共維持大約六個星期。在此期間，大部分的學校課程都是利用線上直播進行授課。以陽明交大於 2021 年 12 月針對臺灣高中學生進行的調查顯示，超過 75% 的高中生在 2021 年 5 月中以前沒有任何線上學習的經驗，但在全面實施線上教學的六週期間，超過 75% 的課程是利用線上直播方式進行，少數課程是由教師錄製影片後以非同步學習的方式進行，利用

MOOC 資源進行學習的比例並不高。2021 年 9 月開學後，臺灣各級學校恢復實體授課，除有零星學校偶有短期（通常短於兩個星期）停課外，一直到 2022 年 5 月，才因確診數大幅上升，再度出現大規模停課的情況。

二、對學校教育的挑戰

根據 2020 年 4 月聯合國教科文組織估計，在新冠疫情初發時期，已有將近 16 億的學生因新冠疫情而失學，約 188 個國家實施部分甚至全境停課，其中只有部分準備較完善的國家改採線上教學，維持停課不停學。基礎建設不足的國家，則無法在遭受疫情重擊同時提供線上教學。2021 年 7 月，受疫情衝擊超過一年後，聯合國教科文組織表示，仍有三分之一的國家無法幫助學生補足這一年來停擺的學習進度。調查顯示，許多國家採取延長學年、取消升學測驗等做法，換言之就是只能暫停學習步伐，等待疫情過去後回歸實體校園教學，而非改變上課模式。然而，即使放鬆復課標準，聯合國教科文組織預估低收入國家中也只有 10% 的學校機構能在學生恢復實體課時，備好足夠的衛生資源，包括口罩、肥皂等清潔用具。換句話說，在疫苗尚未普及時，許多低收入國家可能只能在關閉學校防疫、或開放學校讓疫情升高之間作抉擇。

對比低收入國家，已開發國家比較有能力在教育政策上因應疫情調整授課方式，例如 OECD 的成員國家迅速以線上學習取代實體授

課，並且擬定政策以保證網路與基礎建設不虞匱乏，確保各地學生能持續透過線上教育，享有高品質的學習資源。部分國家甚至還能開放家長參與學生學習的培力、協助教師發展線上學習知能（約 60% 的 OECD 國家教師獲得培訓）以及提供學生多國語言的學習內容等。不過，在 OECD 的 2020 年度教育報告中也指出，由於改採遠距學習，已開發國家實體到校的國際學生大幅減少，對許多原來招收大量國際學生的高等院校造成了財務問題。

新冠疫情對不同階段教育所造成的影響也相當不同。國際大學協會曾在 2020 年 5 月發布一份關於 COVID-19 對全球高等教育影響的調查報告，指出當年雖然有高達 98% 的高等教育機構表示教學活動受到影響，但其中 67% 的機構已轉為遠距教學，只有 7% 的機構取消教學活動。事實上，高等教育在教學上本就擁有較多的資源及自主性，比較能夠快速因應疫情採取線上學習或遠距教學措施。以臺灣為例，雖然在新冠疫情爆發以前，各大學全程使用線上授課的課程不多，但在 2020 年 5 月底教育部宣布全國各級學校停課之前，全臺 157 所大專院校中的 155 所已完成部署，改為全面遠距教學。

然而，對於從幼稚園至高中（K-12）階段的學校而言，中央或地方政府往往難以在疫情初期提供充分的應對措施，同時因各地網路建設或教育資源不均等，並非每個地方、每位學生都有能力進行線上學習，城鄉之間可能存在巨大的差距。為確保所有學生都能持續受教，中國政府及日本政府採取的應對方式是透過電視頻道播放幼稚園至高中階段的教學內容，以確保缺乏設備及網路的地區也能享有同樣的教

育資源。這些現象顯現數位基礎建設若未在平時就準備完善，面臨疫情時，數位服務就會無法公平地照顧到所有人民，也凸顯出政府應該考慮將基本數位服務列為人民應有的公民權利之一，就如同所有人民都應該享有基本的醫療照護。

　　新冠疫情的衝擊也使許多教育主管機關及學校赫然發覺，雖然已經推動數位教學多年，但學校能獨自維繫教學不中斷的能力卻非常脆弱，一旦必須停班、封校時，學生的學習權益勢必會被嚴重影響。因此，平時若沒有將線上教學知能視為教師培力的一環，納入教師執業的基本能力要求，而是僅提供線上教學環境的基礎建設與設備，未來學校還是無法因應類似挑戰。

三、帶來線上學習的發展機會

　　新冠疫情肆虐期間，網路環境建設程度及線上學習準備度較高的國家廣泛啟動及利用線上學習，因此會看到其線上學習內容及對線上學習需求度大幅提升，最明顯地觀察指標之一就是這些國家主要MOOC 平台上註冊人數在疫情期間的變化。以美國最大的 Coursera、edx 及歐洲最大的 FutureLearn 等平台為例，各平台課程數量或有規模不同，但在 2020 至 2021 年間都呈現大幅度成長。2021 年 4 月，Coursera 在美國紐約證券交易所掛牌，首日便上漲了 36%，總市值達59 億美金。

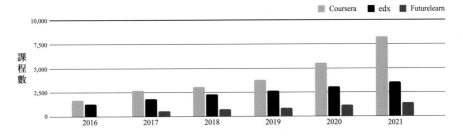

圖 1-9　Coursera、edx 及 FutureLearn2015 至 2021 年的課程數量。

　　在疫情趨緩後，學校逐漸恢復傳統面對面授課，此時對線上學習的需求度當然會減少，但仍遠高於疫情前。舉例來說，美國華府智庫蘭德公司（Rand Corp）研究發現，疫情之前，全美只有 3% 的學區附設網路學校，但當 2021 年 6 月美國各級學校逐步解封，有高達 26% 的學區開始設立網路學校。雖然部分教師、學生與家長是因為疫情被迫採用線上學習，但卻因此體認線上學習的某些優勢，更願意接納及採用線上學習。美國就有報導指出，有位婦人就讀中學的兒子由於個性害羞，實體上課時有疑問也不敢在全班面前舉手，但自從疫情發生後改為網路上課，情況卻有所改變，兒子在線上不會不好意思對老師提問，成績進步許多，到了學期末竟然擠上榮譽榜。後來儘管學校恢復讓學生到校上課，但由於其所在學區推出一所正式的網路學校，婦人便為 14 歲的兒子轉入網路學校繼續學業。

　　臺北市於 2021 年 8 月宣布成立「臺北市數位實驗高級中等學校 T-School」，採公立學校型態實驗教育學校辦理，並於 2022 年開始招

生，第一屆招收 47 名學生，嘗試突破實體校園的限制，以融合數位科技與探究實作的方式，讓學生可以進行個人化深度學習，鼓勵每個學生有不同學習菜單，可自行在臺北豐富的藝文科學教育資源中遨遊，像是選擇早上去故宮做專題，下午在家線上學習，晚間在國家音樂廳聆賞。臺北市的創舉能夠成真，與疫情發生後社會對線上學習接受度大幅提升不無關聯。

防疫社會下，我們看見某些長久以來建構的教育觀念仍難以被動搖，像是成績依舊被視為是判別學生學習成效的關鍵，但同時也見證線上學習鬆動了許多人對教學方式的傳統刻板印象。疫情期間被趕鴨子上架的線上學習，雖然有不少尚待改進的地方，但也展現出許多獨特的優點，讓更多的教育主管單位、學校、老師、學生及社會大眾願意接納及採用線上學習。因此，可以預見在疫情趨緩及學校逐步恢復常態後，線上學習的熱潮必然會降溫，但應該不會降回疫情前的狀況，而是站上一個遠高於疫情前的新起點，然後從該處穩健地繼續發展。擁有這次經驗後，未來教育單位也應該會針對線上學習做更充分的準備，以確保在面對不可預期的特殊災變事故時更有韌性。

1.4 臺灣與美國線上學習發展趨勢之異同

不論是臺灣或美國，要發展線上學習都必須具備前面提過的三個要素：成熟的網路環境建設、充足的線上學習內容以及明顯的線上學

習需求度，但要滿足這三個要素，起碼要有三類機構的相互配合：政府、數位產業界、高等教育界。其中，政府扮演的是最主要角色，須規劃建置網際網路等基礎建設，以及提供支持數位產業發展的政策工具（也是基礎環境建設的一環）；其他新科技，例如雲服務（例如亞馬遜）、影音播放平台（例如 YouTube）、數位學習平台（例如 Blackboard）、邊緣運算等服務，這些通常能夠由產業界的積極投入及經營達到擴散；高等教育界的角色則是第一批開發及提供高品質線上學習內容的機構（例如起源於 MIT 的開放式課程及 edX）來成功吸引學習者，並擴大推廣給社會大眾，提升社會整體對線上學習的需求度。三個要素能夠穩健發展，我們就可以預期線上學習內容及民眾對線上學習的需求度兩者間能產生可持續的正向互動及良性循環。

由於政府的遠見，臺灣早期的網際網路建設始終緊跟美國的腳步，沒有落後太多，產業界則仗著靈敏的嗅覺及高效的行動力，也是亦步亦趨，甚至偶爾會出現領先美國的觀念或做法。但是在發展線上學習內容及提高社會需求度方面，臺灣與美國則在兩個重要關鍵點出現明顯差異，分別是市場經濟規模，以及政府對教育系統管制程度。

先來看經濟規模。美國不僅居於全球科技發展的領導地位，且本國人口超過 3.2 億，全球以英文為母語的人口更有 5.2 億，以英文為第二使用語言進行學習的人口亦遍布世界各地，總數可能超過 15 億，這樣龐大的潛在市場規模對其發展數位內容產業有極大的助益。以線上學習與平台發展為例，美國的線上學習內容及平台很容易在發展初期就吸引來自全球的大量使用者，一旦使用者規模擴大，邊際成本

（每增產一單位產品或多購買一單位產品的成本）就會快速下降，平台就能降低單一使用者所需支付的費用，進一步提升社會需求度，並以此吸引資金、提升技術，進而降低線上學習的單位經營成本、推出更多學習者需要的內容，然後造就線上學習內容供應與學習需求的良性循環，發展出獲利模式，帶來穩健營收，最終將線上學習的經營模式成功市場化（例如 Coursera、Udacity、edX），讓線上學習產業可以永續發展。反觀臺灣，人口僅約 2,400 萬，因此在臺灣發展數位學習產業必然需要採取與美國不同的策略。

在教育系統管制方面，臺灣與美國亦有顯著不同。在美國，政府規劃及推動網際網路建設後，產業界就會自行發展出諸多例如雲計算及影音播放等服務的技術，一旦此類網路環境基礎建設完備，政府不須刻意強力推動數位學習，線上學習產業也會自行萌芽及發展出穩健的商業經營模式。在其發展過程中，龐大的市場規模成為內容供應與需求度產生良性循環的關鍵。

反觀臺灣，政府對於高等教育的干涉較多，可能間接對線上學習產業發展造成不利影響。例如，低學費政策在早期臺灣從農業社會走入工業化社會，需要培養大量高端技術人才的時空背景下當然有其優點，但也造成臺灣社會普遍認為知識應該要「廉價」、甚至「免費」取得的觀念，忽略了良好的教育經驗，絕對是要有人付費，不可能完全無償取得的真相。因此，儘管線上學習成本較傳統教育成本低廉，也成為美國發展線上學習的優勢之一，但此優勢卻無法在臺灣顯現，也讓臺灣的線上學習產業更難尋找有效的生存模式。

臺灣在發展線上學習初期，產業界需要政府的政策支持，高等教育界需要政府的投入及指導，但成也蕭何，敗也蕭何，若是政府推動線上學習的計畫或政策沒有掌握正確的關鍵，就必然會成效不彰；若是錯將手段當作目的，就會處處掣肘；若是強調防弊遠重於興利，則很可能落入政府「一管就死，一死就放，一放就亂，一亂又管」的惡性循環。美國發展線上學習可以完全依靠市場機制的自動調節，臺灣要發展線上學習則不能缺少政府的智慧。遺憾的是，目前仍然有許多觀念落伍的教育法規，持續對臺灣的線上學習發展帶來傷害與扭曲。

1.5 臺灣發展線上學習的關鍵——高等教育

在 2014 年以前，若審視發展線上學習的三個要素（網路環境建設、線上學習內容、對線上學習的需求度），臺灣在網路環境建設這一塊表現優異，但在充實線上學習內容和提升對線上學習需求度這兩方面則差強人意。究其原因，並非政府沒有投入足夠的經費。事實上，2002 年啟動的國家型數位學習計畫在四年中投入了 25 億臺幣的經費，2008 年接續啟動的國家型數位典藏及數位學習四年計畫又投入了約 45 億臺幣，其額度不可謂不巨。但檢視其成果就會發現，這兩個國家型計畫對學校發展線上學習的影響有限，社會大眾也沒有因為這兩個計畫感受到線上學習內容或環境的明顯變化。簡言之，就是這兩個國家型計畫對增加臺灣的線上學習內容或提升學校／社會對線

上學習的需求度沒有足夠的貢獻。反觀由陽明交大於 2007 年開始推動的「開放式課程運動」（OCW movement），在沒有獲得前述兩個國家型計畫或教育部專項補助的情況下，反而蓬勃發展。根據臺灣開放式課程暨教育聯盟資料統計，在 2007 年到 2020 年，臺灣各大學貢獻了約 1,400 門的線上課程，每年吸引了超過 2,000 萬的瀏覽人次。從 2014 年開始，教育部資科司開始推動磨課師計畫，平均每年投入僅約 5,000 萬臺幣，則造就了國內三至四個磨課師平台的成立，產生了超過 560 門由各大學傑出教師製作的線上課程，吸引了超過 1,400 萬的使用人次。

這兩個國家型計畫為什麼沒能更有效地增加臺灣的線上學習內容，或提升學校／社會對線上學習的需求度？其主要原因在於這兩個計畫除了投入大筆經費支援大學教師作研究及發表論文的學術影響力外，並沒有積極地將高等教育推動線上學習的社會影響力納入計畫考量，使得雖然創造出領先全球，甚至至今無法複製的高度突破（如寫進美國科技教育白皮書大力讚揚的「亞卓市」，但已於 2015 年關閉），但臺灣的秀異亮點卻與當時國內高等教育的普遍教學狀態相距甚遠，曲高而和寡。其實，觀察美國線上學習發展的歷史，許多在充實線上學習內容或提升線上學習需求度上的突破性發展，都是源自於高等教育界發展出成功的運營模式，之後向外擴散。例如磨課師風潮是由 MIT 及 Stanford 的三位大學教授啟動，不但產生了巨量的線上學習內容，更大幅提升社會大眾及學校對線上學習的接受度。類似的情形也發生在華語地區（包括臺灣及中國），一個非常明顯的例子就

是如前面曾提過的，自從磨課師運動擴展到華語地區後，包括臺大、陽明交大、清大及成大等多個頂尖大學校長亦開始在許多場合讚許翻轉教室，顯見在磨課師還沒有真正翻轉臺灣各大學的教學模式前，先開始翻轉學校高層對線上學習的態度了。

如果從另一個觀點來看，經過二十年的發展，完整的線上學習市場生態圈應該已經在國內外逐步成形，這個生態圈中應該至少包括以下幾個重要的應用市場：學歷需求、在職教育、興趣學習、開放教育。因為高等教育機構可能是在線上學習生態圈中唯一同時具備內容開發、平台建置、教學應用／創新、研究發展等四種能力的單位，又處於需求市場的中堅樞紐位置。就學歷需求（包括學分、學位及補教）而言，大學及研究所當然是最適合、也是最先採用線上學習的。以在職教育市場而言，大學也是主要提供知識創新及資源的機構。就社會能見度最高的開放教育而言，不論是開放教育平台或開放教育課程，主要也都是由高等教育機構啟動或支持的。

不論是從發展線上學習的三個要素或從線上學習市場生態圈的角度來看，臺灣在推動線上學習時，大學都是最重要的關鍵，但在過去並未受到應有的重視，也沒有獲得足夠的經費支持，又因為政府法規的限制、學校制度不完備等，沒有充分發揮其火車頭的帶動作用，導致臺灣整體的線上學習生態環境仍有許多尚待加強的地方。

2020 年發生新冠疫情之後，絕大多數國家的各級學校被迫大範

圖 1-10　大學是推動線上學習發展的引擎。

圍、長時間採用線上教學，其中當然出現許多措手不及的窘迫現象，但是各國也因此大幅提升在網路基礎建設、線上學習內容數量及對線上學習的需求度。因此，在疫情結束後，許多國家的線上學習環境會比疫情發生前更健全及優越，線上學習的需求度雖然會回落，但應該仍比疫情發生前提高許多。反觀臺灣，因為疫情防治的成功，因此學校沒有長時間進行大範圍線上教學，反而令人擔心臺灣的線上學習會不會在疫情結束後發生總體落後的情況。一般認為，至少目前及短時間內，臺灣的線上學習應該不會落後於世界上其他主要國家，但若從長期發展來看，臺灣確實需要有更積極的作為，方能保持目前的狀況、甚而進一步取回領導的地位。

本書作者基於對臺灣線上學習實務發展的長期參與及觀察，以下將提出一些分析討論及建議，重點會放在臺灣的高等教育界，但也會延伸到臺灣線上學習環境的其他面向，期許本書可以拋磚引玉，引起更多人對線上學習的興趣，激發更多如何規劃高等教育線上學習發展的討論，甚至促成相關政策的整合及公私單位跨組織、跨部會、跨界的合作，最終幫助臺灣建立可永續發展的、活躍的線上學習生態。

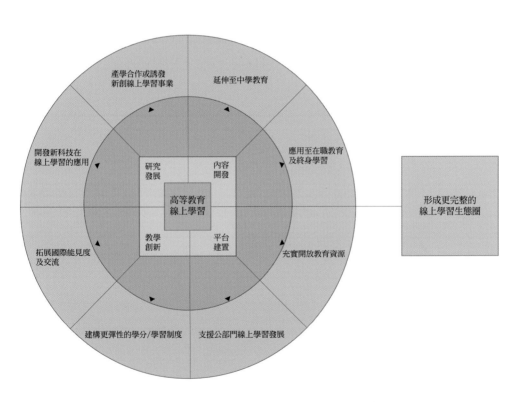

圖 1-11　高等教育位處線上學習生態圈的關鍵地位。

第二章

線上學習的
優勢與挑戰

新科技為人類帶來便利的生活，但許多技術在發展初期會引起大眾的疑慮及抗拒；即使後來被廣泛接受，仍會伴隨新的問題產生。線上學習也遭遇相似的情況。雖然具備傳統學習方式所沒有的優勢，但同時也招致許多質疑，有些是大眾的誤解，但也有部分是真實情況，因此要如何發揮優勢、破除誤解、減少問題，都是發展線上學習的重要挑戰。

2.1 線上學習的優勢

　　嘗試及應用網路進行線上教學自 1990 年代中期出現，2009 年美國教育部蒐集了 1996 至 2008 年間超過 1,000 件有關線上（網路）教學的研究論文及報告，分析比較從小學到大學裡傳統面授、全線上學習及混合式線上教學（翻轉式教學）等三種教學方式的成效，得到以下結論：

1. 接受全程線上學習或部分線上學習的學生，平均來看皆獲得比面授的學生有相同或甚至更好的成績。
2. 翻轉式教學的學習成效會略高於全程線上學習，再高於傳統面授的學習成效。
3. 有教師帶領的線上學習，學生的學習成效往往會較完全由學生自學的線上課程好。

自 2005 年後，由於 Facebook 等網路社群、YouTube 等影片播放平台，以及類似亞馬遜雲端運算服務（Amazon Web Services, AWS）的雲服務逐漸成熟，網路頻寬及速度大幅提升，網路使用成本下降，因此大規模線上學習漸漸普及，社會普遍開始接觸及接受線上學習，高等教育界也開始制度性地運用線上教學，線上學習的諸多優點隨之獲得更廣泛的證實，其中主要包括創造開放教育及共享教育的機會、提供教師教學更多彈性及工具、增加學生學習的效率及選擇、提升整體教育的投資報酬率，以及開啟應用新興科技的可能性。

一、創造開放及共享教育的機會

線上學習與傳統學習最大的差異點，在於線上學習「不受時空限制」。傳統學習方式有賴學生與老師於特定時間地點會合，才能啟動學習，因此極度受限——只有被指定的特定人士才能接受教育，且知識的傳播幾乎完全受控於老師，學生只能被動接收。但線上學習因為有科技的輔助，能將授課與學習兩者分開，只要將授課內容放在網際網路上，就能開放給更多的學習者使用，替使用者開創更多可能性，並創造出「學習不因國界受限」、「教學成本隨規模擴大而降低」以及「建立終身學習的社會環境」等優勢。

（一）學習不因國界受限

雖然跨越國界的開放教育理念早在 1960 至 1970 年代就已萌芽，

但因為教材無法推廣、課程未能滿足使用者需求，進展相當緩慢。直到 2002 年 9 月，美國 MIT 正式推出全球第一個開放式課程網站，有計畫地逐步將該校大部分的課程教材公布在網路上，免費提供給世界各地的人參考及學習（圖 2-1），並在全球引發所謂的開放式課程運動，這才利用線上學習啟動了真正跨越國界的開放教育時代。隨後於 2022 年興起的磨課師則補強了開放式課程缺少互動的缺點，利用更完整的線上學習設計進一步落實了開放教育的理念。

　　開放教育促進了國際間的教育資源交流，臺灣也因此受益。例如 2004 年，也就是 MIT 開放式課程網站正式上線後的第二年，根據

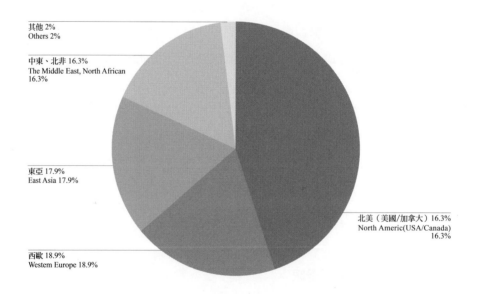

圖 2-1　MIT 開放式課程網站於 2004 年造訪者的來源國家。

MIT 公布的數據顯示，MIT 開放式課程網站來自美國本土以外的點擊量，臺灣高居第二。這個數據也是促使陽明交大於 2006 年開始策劃臺灣第一個開放式課程網站的重要原因之一。

臺灣除大量利用國外的開放教育資源外，開放教育的蓬勃興起也增加了臺灣高等教育的國際曝光機會。2013 年，Coursera 平台邀請臺灣大學提供課程，臺大隨即在該年 8 月於該平台上推出兩門首見以華語教授的磨課師課程，分別為呂世浩教授的「中國古代歷史與人物：秦始皇」與葉丙成教授的「頑想學概率：機率一」（Probability（1））。當時葉丙成教授的課程有超過 20,000 人選修，呂世浩教授的課程則吸引了全球 40,000 多名的學習者，其中有約 15% 來自臺灣，其餘來自以中國為主的世界各地，「秦始皇」並隨後被 Coursera 平台評選為全球最受歡迎的中文網路課程。

除了與國際知名平台合作外，臺灣也曾經與中國的線上教育平台合作推廣課程，陽明交大的 ewant 育網平台就是臺灣最早與中國平台交流及合作的單位。雖然這類的線上課程交流於 2016 年後逐漸減少，但仍不失為兩岸文教溝通的管道之一。截至 2022 年 6 月，ewant 育網平台已經成功推薦超過 305 課次臺灣各大學的精彩課程，至中國的磨課師平台，吸引超過 457,000 的選修人次，其中部分課程還被中國的大學採用為學分課程，較受歡迎的課程包括陽明交大虞孝成教授的「孫子兵法與企業經營」（累計約有 75,000 選修人次），以及雲林科技大學陳裴娟教授的「大學生的必修課——情感教育」（累計超過 86,000 選修人次），後者甚至曾在一學期中吸引超過 30,000 名來自

中國各地的大學生選修為學分課程，使陳裴娟教授成為在一學期中正式教導過最多中國大學生的臺灣教授。

（二）教學成本隨規模擴大而降低

由於線上學習利用了網路無遠弗屆的特性，因此可以將一門過去只有少數人享用的課程開放給成千上萬的人同時進行學習；也因為數位內容可以重複使用，能夠讓一門過去每年只開授一次的課程持續開放數年給大眾觀課，因此可以將開放教育的投資報酬率極大化。從 Coursera LHTL 課程後台報表可知，Coursera 平台上最受歡迎的一門課「Learning How To Learn」（學會學習）2013 至 2023 年間的選修人數累計超過 350 萬人，其製作成本包括講師費用不到 10 萬美元，每位學習者平均分攤成本不到 0.3 美元。即使只計算這 350 萬修課人數中通過課程考核的人數（有 9.8% 學習者通過課程考核，即約 35 萬人），每位學習者需分攤的平均成本仍然不到 0.3 美元（圖 2-2）。

成本降低的現象不只發生在單一平台內，跨校的線上學習合作也能減少學校自行開發課程的成本，或透過採認線上學習平台的學分，減少學校自行開課的壓力，比如陽明交大於 2020 年推出的「SOS！暑期線上學院」（Summer Online School, SOS）。當時因為陽明交大有感於臺灣各大學校院每年修習通識教育課程的學生有近百萬人次，課程需求量相當龐大，但受限於單一學校開課教師多元性受限、傳統實體授課人數限制及衝堂困擾，使得許多學生於學期中經常只能為了不拖延畢業，勉強自己上沒有興趣的課程。另外，不少學生為了應付

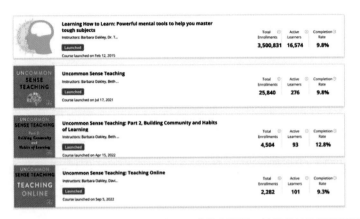

圖 2-2　截至 2023 年 6 月，Coursera 後台顯示「學會學習」等課程的修課與通過人數。

學期間繁重的專業課程，常會忽視通識教育課程，因此，陽明交大與全國 43 所大學校院合作推出 SOS 計畫，利用現有 ewant 育網平台建立起通識課程共享制度及作業流程，讓各大學校院可以相互提供及利用彼此精彩的通識課程。上線初期從各大學 400 多門精彩的線上課程中精心挑選出 20 門通識教育課程，讓這 43 所大學的在校大學生與即將入學的新生可以利用線上學習（包括同步及非同步線上學習）的方式選修，學生在通過課程後，可於 9 月開學後取得學分。2020 年暑假首次推出時，最終有 2,153 人次選修課程，學生分布全臺各地，平均每門課程選修人數超過 100 人，最受歡迎的課程選修人數達 280 人。2021 年第二次實施，合作大學已經達到 58 所，成功開設 27 門課程，選修學生達 3,103 人次。暑期線上學院的線上學習方式讓學生可以不受地域、學校或甚至人數的限制，跨校選修其他學校的精彩課程，讓教育資源達到共享。經由這樣的共享，每學分的收費成本可以

減少約 50%，因此每個學分的選修費用僅只有 750 元臺幣，而一般其他暑期選修課程的學分費則大約為每學分 1,500 元臺幣。

利用線上學習平台共享教育資源並不限於大學之間，也可以跨界分享於大學與高中之間。臺灣於 2019 年秋季學期開始實施十二年國教的「108 課綱」，目標之一是希望引導高中生透過更多元的學習主題及學習方式來探索及培養多元能力。為達此目標，在高中生畢業總學分至少 150 學分中，選修課的學分數被大幅提升為 40 學分，因此如何設計足夠且多元的選修課程成為各高中的重要課題。對學生人數、老師及資源較為匱乏的高中而言，108 課綱開始實施時，經常面臨無法開設足夠選修課程的困境，如此可能直接影響到高中生的升學機會，讓許多學生及家長焦慮不安。另外，108 課綱除了增加選修課程學分比重，還要求每位高中生在畢業前都必須進行 18 個小時的自主學習。這類自主學習並無學分數，允許學生自己規劃及設定學習主題、學習方式及預期成果，期望學生能藉由自主學習的過程發揮創意、探索興趣、開拓視野，並學習如何規劃及實踐目標。然而，許多學生在安排自主學習時，常有「不知上哪裡找資源」、「不知從何開始規劃」的困擾，對較為弱勢的高中，這類困擾更為普遍。

2019 年秋季學期，ewant 育網平台首先提供了 41 門由各大學提供的自主學習線上課程，選課人數達 5,300 人次，2020 年春季學期提供了 48 門課程，有 11,400 人次選課，2020 年秋季學期提供了 72 門課程，選課人次已超過 16,000 人次。至 2022 年秋季學期，當學期選課人次已超過 21,000 人次，選課學生來自全國超過 400 個高中職、

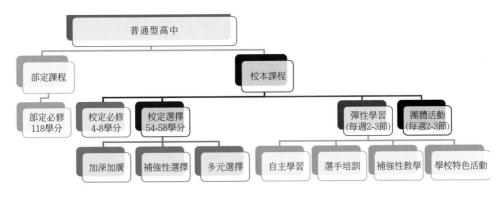

圖 2-3 108 課綱的高中課程架構。

達全國 80% 的高中職學校，且課程廣受學生好評。修課學生普遍認為各大學提供的課程非常精彩及多樣，從「生活中的機器人科技」、「當代應用心理學」到「籃球技術訓練」等，涵蓋了所有高中新課綱設定的 18 個學群，而且運用線上課程來安排自主學習有許多優點，包括可以「利用課外時間或寒暑假來修習」、「重複觀看課程影音和教材」、「提前體驗大學的課程」等。

另外，陽明交大於 2019 年啟動「雙師攜手、數位樂學」計畫，以線上共享的方式，為有需求的高中在 ewant 育網平台上開設由各高中教師自主經營的課程專區，並於 ewant 育網平台的數百門課程中選出適合高中生學習的內容，直接匯入這些課程專區，讓高中教師可以使用，作為其校內自主學習、多元選修或加深加廣課程的教材。為讓這些教材更適合各高中的需求及發展出不同特色，該計畫甚至允許高中教師對大學教師的數位教材進行增補刪減等修改。至 2022 年秋季，

全臺已經有超過 180 所高中以這樣的方式與 ewant 育網平台合作，這種大學與高中教師線上合作的模式，對缺乏資源的偏遠地區高中職特別重要，讓這些學校的學生也有機會取用大學多元豐沛的學習資源，甚至還有與大學教師在線上直接接觸的機會，讓大家可以在最節約經費的情況下，有效消弭教學資源的城鄉差距。

（三）建立終身學習的社會環境

由於科技的急遽發展，社會變遷也跟著加速，國民終身學習的能力成為國家未來是否具有競爭力的重要指標之一，而開放教育另一個重要的貢獻就是幫助建立有利於終身學習的環境。舉例來說，自從陽明交大於 2007 年建立開放式課程網站後，至 2020 年已建置 303 門課程，其中 278 門提供了完整的隨堂授課錄影。根據 Google Analytics 及 YouTube 後台統計顯示，光 2020 年一整年就有 145 萬人次造訪陽明交大開放式課程網站，平均每月達 12 萬人次，全年網頁瀏覽量達 823 萬次，平均每月 68.5 萬次，嘉惠約 59 萬學習者，其中最主要的使用族群就是臺灣本地的在學大學生及研究生。根據陽明交大的調查，估計當時全國重點大學中超過一半在學的理工科系學生曾經使用過陽明交大開放式課程網站進行加強、補救或考研學習，顯示出開放教育的確有利於各大學彼此間教育資源的互補及共享。

由於開放式課程均為大學校內隨堂錄影的課程，課程內容大多較為冗長，因此使用者多為在校學生。但磨課師課程則因為不受限於學校課程要求，因此多為另外精心設計的課程，通常較為精簡且多樣，

容易吸引在職人士及終身學習者觀看。根據 Coursera 於 2013 年公布的數據，其平台註冊使用者中，約有三分之二已經獲得大學或研究所學位，顯示在歐美國家，終身學習者是使用磨課師資源的重要族群，磨課師會吸引這些在職或終身學習者，不僅是因為可以免費學習，另一個重要原因是可以擁有更為自主及彈性的學習時間，而這是傳統實堂授課無法提供的。以伊利諾大學香檳分校的國際商管碩士（international MBA, iMBA）課程為例，其大部分的課程可以在 Coursera 上面免費學習，通過後則可以付費取得課程證書或學程證書，在進入伊利諾大學後，這些課程／學程證書可以直接採計為畢業學分。對有意就讀的學生來說，「化整為零」大大降低了學習的壓力，入學後只需要一半甚至更短的修業年限就能畢業，更省下昂貴的 MBA 學費。對大學而言，學校不需安排學生「在校」的生活設施（如建造宿舍、擴增停車位），還讓過去讀不起 MBA 的學生得以「分期付款」完成學業。其彈性與方便，讓這所地處玉米田、距離芝加哥市區兩個多小時車程的大學，其 iMBA 學位大獲成功。這個合作模式，也成為 Coursera 與名校雙贏的重要策略！

除了各大學可以將數位課程提供給大眾作為開放教育及終身學習之用，企業及機構也可以提供線上課程給社會大眾學習，或給其他學校採用為校內學分課程。一個成功的範例是故宮博物院於 2018 至 2019 年間製作的「走近故宮國寶」系列磨課師課程。此系列的課程由故宮與陽明交大合作完成，是故宮首次針對故宮典藏所製作的磨課師課程，由故宮博物院的五位研究員分別設計及親自講授。2019 年

在 ewant 育網平台上推出供大眾免費學習後立即獲得極大迴響，成為當年臺灣最受歡迎的磨課師課程，並得到教育部磨課師計畫辦公室頒獎肯定。這門課程也於 2019 年秋季同步在五所大學開授線上通識教育課程，其中在陽明交大的修課學生人數就超過 200 人，亦成為當學期最受歡迎的通識教育課程。2021 年秋季，此系列課程開始加入高中自主學習課程的行列。另外，值得一提的是「走近故宮國寶」系列課程，於 2021 年獲得美國休士頓國際影展電視及網路教育類金獎，成為國內首個獲國際影展肯定的磨課師課程。

二、提供教師教學更多彈性及工具

線上學習對教師的正面影響眾多，若要一言以蔽之，即為「省時省力」。以下將從課程設計、教材準備、師生互動、教師社群等面向逐一探討。

（一）大幅提升時間使用效益

線上教學最吸引教師的優點之一就是不必重複講述同樣的內容，減少實堂授課的時間。比如一門三個學分的大學課程，原本每週應有三節實堂授課，如果採用非同步線上學習結合翻轉的混合式教學，可以將實堂授課時數減為每兩週一節課，每兩週就減少約五個小時的實堂授課時數，若再加上因此省去的備課時間，每十個工作天就可以大致節約出一個工作天。另一個隨之而來的重要效益是當散亂在週間的

幾個上課時間被拔除後，許多教師發現過去被四分五裂的時間，居然開始出現不少可以大塊運用的時段，因此大幅增加教師運用時間於研究或服務的效率，其實質效益可能更甚於節約下來的上課時間。

（二）課程設計及使用更多元及彈性

擁有了課程影音、電子講義、線上活動、甚至人工智慧助教等線上教學資源，教師就不用再受限於傳統教學模式，而可以利用這些資源來發展不同的教學方法。例如近十年受到許多討論的翻轉教室教學法，藉由開放學生自行觀看老師預錄的課程內容，減少老師在課堂上重複講述的時間，並利用課堂時間進行其他的課程活動，例如分組討論、合做作業、答疑互動等。

建立線上教學也讓教師有了重複利用教材、開發不同教學時段或教學市場的可能性，例如雲林科技大學的陳裴娟教授於 2014 年獲得教育部磨課師計畫補助，製作「大學生的必修課——情感教育」線上課程，多次在各個教育平台上創下優異的授課成果。此課程先是於 ewant 育網平台上連續十年提供為開放式課程，供一般大眾免費學習，非常受歡迎。由於這門課程本就是以大學生為主要學習對象而設計的，因此在 2016 年開始嘗試提供給幾所大學作為通識教育學分課程，結果當年在慈濟大學就吸引了近 200 位學生選修，自此之後，這門線上課程就成為幾所大學每學期採用的通識教育學分課程，也曾於 2017 年受中國智慧樹平台邀請，成為中國數所大學的線上學分課程，累計選修學生總人數高達 70,000 多人。2020 年，陽明交大開始將此

課程納入暑期線上學院，作為跨校採認的暑修學分課程，該年就有來自 43 所大學的 290 位學生選修。108 課綱實施之後，有高中選用該課成為學生自主學習的課程之一。

在此期間，陳裴娟教授不需要進行大量的實體授課，但受教學生的人數快速增加，顯示出線上教育因為能重複利用教材，在推廣課程上達成顯著成效。表 2-1 顯示「情感教育」課程在各式課程應用中累計的選修學生人數。

在陳裴娟教授多面向開發其課程應用期間，也持續改善其線上教學內容。例如在暑期線上學院授課時為每一支教學影片插入簡單的測驗題（in-video quiz），藉此提高學生觀看教學影片時的專注度，也讓學生可以及時了解自己吸收的程度，這又突顯出線上教學的另一個重要優勢：數位教材內容可以更方便地持續累積成長。

表 2-1 「情感教育」課程累積選修學生人數（統計至 2023 年 6 月）

課程	選課人數
公開課程	1,585
跨校學分課程	2,287
暑期學分課程	728
高中自主學習課程	1,431
高中專班課程	10,059
海外學分班課程	70,124

對磨課師而言，線上課程可以多元運用的優勢就更為明顯。ewant 育網平台自 2016 年開始與美國磨課師名師 Barbara Oakley 教授合作，將其 Learning How To Learn 課程，由臺灣的教授轉化為適合華人學習的「學會學：學習之道」中文版課程，於 2017 年秋季在 ewant 育網平台首次開課便有 1,560 人選修，2018 年起至中國好大學在線、網易雲課堂、學堂在線、智慧樹等平台開課，雖然適逢兩岸關係較為緊張，開課頻率不甚穩定，但三年仍累計超過 20,000 人修習該課程。2022 年，這門課程在 ewant 育網平台上的興趣學習人數已累計超過 5,500 人，並陸續深化運用到其他學習群體，至少包括高中生自主學習（1,124 人）、夏季通識學分課程（440 人）、青少年興趣學習（6,264 人）等，顯見這門課程對跨年齡層的大眾具有相當的吸引力。

另外，相較於傳統實堂授課，線上教學有更多運用新興科技的機會，因此也提供教師更多的發展空間，例如近年來已經有教師開始將人工智慧技術實際應用於線上課程。美國喬治亞理工學院（Georgia Institute of Technology）的 Ashok Goel 教授可能是最早開始嘗試的教授之一，他持續在學校裡教 Knowledge Based Artificial Intelligence（KBAI）的線上學分課程，這門課程的 300 位學生每學期會在線上張貼大約一萬則的訊息，這已經超出了 Goel 教授及他八位助教能夠處理的負荷，因此在 2016 年，他新加了第九位助教——Jill。許多學生從 Jill 的名字判斷這位新助教可能是一位女性，但其實這位助教不是人，「她」是一個利用人工智慧技術產創造的助教，而這一次創新的實驗相當成功。

2022 年 11 月，美國 OpenAI 人工智慧研究實驗室（openai.com，為一間非營利公司，主要股東有 Microsoft、Amazon、聯邦政府、少數私募基金）正式對外推出其開發的人工智慧聊天機器人程式 ChatGPT（Chat Generative Pre-trained Transformer），由於 ChatGPT 可以用人類自然對話方式來互動，還可以用來處理複雜的語言工作，包括自動生成文字、自動問答、自動摘要等多種任務，因此甫開放供一般大眾免費試用，立即造成全球轟動，上線不到一週就已有 100 萬使用者，上線兩個月後就已有上億使用者。在教學現場，馬上有學生利用 ChatGPT 協助處理作業，也有教師開始使利用 ChatGPT 幫忙生成分眾教材。人工智慧在線上學習的各式應用如百花齊放般的出現，已經不只是執行單純的助教工作了。我們可以預期將來會有越來越多的新興科技被運用在線上學習領域，幫助提升教師的教學效率及學生的學習興趣。

（三）快速擴大學生規模

教師利用線上學習的另一利基就是可以輕易擴大班級，同時不影響學生學習效果。絕大多數的研究及教學經驗顯示，當實堂授課學生人數超過一定人數後，由於後排學生可能聽不清楚老師聲音、看不見老師書寫，較易躲避老師監督與受到其他學生影響，學生的平均學習效果就會下滑。但當學生利用線上學習時，前述因素都自動消失，所有的學習均由學生自主安排，可確保學生於學習時具備一定的學習動力及效果，修課人數的多少往往對個別學生的學習效果並沒有明顯的影響，教師的授課品質及課程活動安排才是影響學生學習的主要因

素。所以，一門好的線上課程可以輕易擴大班級，而仍維持學習的品質，甚至可能因為參與線上活動的學生人數增加，而提高所有學生的學習成效。

以校內學分課程為例，陽明交大於 2007 年首度嘗試將翻轉式教學應用在一門大一「基礎物理」課程上，讓學生主要在線上學習已經完整錄製的教學影片，原來每週應該上四個小時的實體課程，大幅減少為每兩週僅需上一小時的實體課，實體課主要進行摘要提示、合作練習、答疑討論及簡單的小考測驗等。2007 年第一次實施時，該課程設為資訊學院大一新生的必修課，選課學生人數限制為 80 人，期末考後學生問卷結果顯示學生自主觀看教學影片比例的分布如圖 2-4，如果去除掉一位幾乎沒有觀看教學影片的學生，每位學生平均觀看了約 90% 的教學影片，也就是說學生的平均等效實質到課率接近 90%，與當時沒有實施上課點名制度的其他約 15 門大一物理課程相比，這個等效到課率是名列前茅的。這門課程的授課教師在嘗試翻轉式教學前，以傳統課堂授課方式教授這門物理課，平均每學期的課程通過率約為 85% 到 90%，但 2007 年第一次實施翻轉教學後，課程通過率驟升為 95%，學生反映問卷調查也成為全校所有物理班級中學生反應最好的班級。由於教學成效良好，該班學生選課人數限制因此數次上調，2020 年的修課人數已達 190 人。2007 至 2020 年的十三年期間，不論修課學生人數多少，學生觀看教學影片比例的分布趨勢始終類似（圖 2-5），課程的通過率也一直維持在約 95% 以內，修課人數的擴增似乎沒有對學習效果造成任何不利的影響。

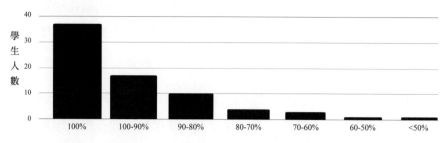

圖 2-4　2008 年大一「基礎物理」教學影片觀看比例（修課總人數為 73）。

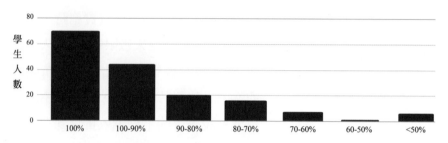

圖 2-5　2010 年大一「基礎物理」修課人數倍增後的教學影片觀看比例（總修課人數 164）。

（四）更了解學生學習模式及成效

　　由於線上學習具有「走過就留下痕跡」的特性，因此許多線上學習平台都可以提供學生學習履歷的相關紀錄，雖然不同的平台呈現的學生學習履歷紀錄或有不同，但都一定可以提供教師許多過去傳統實堂授課所難以掌握的資料，通常至少包括影片點擊次數、作業測驗作答次數等，且隨著平台技術增進提供更為詳細的分析，例如呈現學生學習樣態的雷達圖，學生觀看影片的逐秒紀錄、次數及觀影速度（圖

2-6），以及學生每週觀看影片的詳細進度等。經由這些紀錄，教師除了可以了解學生的學習進度及學習模式，還可以藉此改進自己的教學。舉例來說，學生觀看教學影片總次數的逐秒紀錄，凸顯出學生經常重複觀看的某些片段，就有可能是教師需要加強解說的片段，而這類線上學習的履歷資料是實堂授課難以提供或準確掌握的資料。

綜而言之，教師利用線上教學的優點很多，並且隨著技術開發，更多優點還在持續被發現中，無法一一細述，但簡單歸納至少可以提供教師以下幾個重要的利基：

1. 減少重複講述相同課程內容的次數，節約時間。
2. 方便發展更多元的教學方式，例如翻轉式教學。

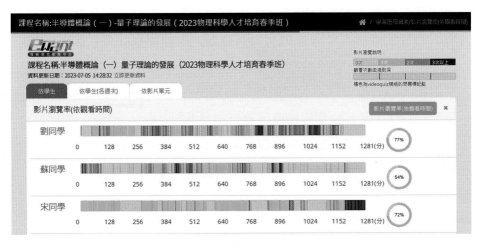

圖 2-6　以儀表板展現學生影片觀看軌跡及進階分析。

3. 允許重複利用、多元開發課程，包括利用不同教學模式及時段的優勢，例如暑期或海外開課。
4. 可以輕易擴大班級而不影響學生學習效果。
5. 數位教材內容可以輕易持續累積成長。
6. 線上學習平台的學習履歷紀錄可讓教師更了解學生學習行為及教學問題。
7. 有利於與其他教師分享內容或共構教材。
8. 可以利用數位學習平台提供更多樣的學習活動及互動方式。
9. 線上教學提供更多運用新興科技的機會，如利用人工智慧。

三、增加學生學習的效率與選擇

　　學習的中心應該是學生，因此學生的學習成果才是評估線上學習最重要的指標。對高中階段以下的學生而言，學習不只是知識的吸收，心智培養與人際關係可能更為重要，因此需要許多互動式的學習，在這一方面，線上教學就有其侷限及不足之處。但當學生進入大學之後，心智發展已經大致成熟，特別是在 1990 年代後出生的網路世代原住民，習慣於利用網路吸收新知及進行互動，因此線上學習最主要的影響，即是能讓學生掌握學習自主權，並以此提升學習動機，優化學習成效，協助學生養成持續學習的能力與習慣。

（一）優化個別學生的學習成效

　　傳統實堂授課即使明知個別學生對授課內容的理解速度及吸收能力有所不同，卻不得不讓全班學生在上課時間內，依照完全一致的進度聽課，難以兼顧不同學生可能需要不同學習步調，易造成部分學生覺得跟不上、或是太無聊，只能另找時間複習，或呆坐教室等下課，無端浪費時間。線上學習課程將學習的主動權交回給學習者，讓學生自行挑選最適合自己學習的時間及地點，並且在需要思考時立即暫停影片，等想通了再繼續，也可以隨時回轉到課程前段、整理思維後再繼續學習。此外，亦依照自己的需求調整教學影片播放速度。事實上，許多線上課程的問卷調查及後台學習資料皆顯示多數學生在學習時會加快影片的播放速度。

　　陽明交大高等教育開放資源研究中心固定進行線上學習年度情報調查，2022 年的調查共收回 9,000 多份填答問卷，數據顯示僅 40% 學習者以正常速度觀看教學影片，超過一半的學習者經常使用影片快轉功能觀看課程！其中經常以 1.2 倍速與 1.5 倍速觀看影片的學習者各占 20%，以 2 倍速度觀看影片的學習者則占 10%。ewant 育網平台的後台數據也和調查資料大致吻合，以 2021 年暑期線上學院為例，總共有來自各大學的 3,103 位學生選修課程，不少學生曾經在至少 1.5 倍速快轉下觀看教學影片。事實上，許多教師的影片在 1.5 到 2 倍速快轉播放時，並不會影響學生的理解及吸收。有趣的是，某些測試發現在加快影片播放速度時，因為講師的語速和節奏稍快，學生的專注力甚至還會提高。當然，也有少數的教學影片，例如運動技能或表演

藝術的課程影片，更適合學生以慢速播放或重播來加強學習，顯示出教學影片可以同時兼顧提高學習效率又促進精熟的多重特質。

由於以上幾個因素，很多教學研究文獻早就發現學生利用線上學習時的學習效率或對時間的投資報酬率比傳統課堂好。美國聯邦教育部曾在 2009 年蒐集了 1996 年至 2008 年間有關線上（網路）教學的 1,000 多件研究論文及報告進行分析，結果歸納出幾個重要的結論：

1. 採全線上學習或部分線上學習的學生，比接受面授的學生有相同或甚至更好的成績。
2. 整體而言，翻轉教學的學習成效會略高於全線上學習，再高於傳統面授的成效。
3. 有教師帶領的線上學習成效優於完全由學生自學的線上學習成效。

2010 年由 Mickey Shachar 發表的另一篇論文〈Twenty Years of Research on the Academic Performance Differences Between Traditional and Distance Learning: Summative Meta-Analysis and Trend Examination〉，則綜合了 125 個有關線上學習的實驗研究，橫跨二十年的時間，實驗對象超過 20,000 名學生，也得到類似的結論：

1. 利用線上學習的學生有 70% 的機率會比接受面授的學生獲得更好的學習表現。
2. 平均而言，線上學習學生的成績會比接受面授學生的成績高出 0.26 個標準差。

3. 隨著研究越為晚近，線上學習學生的成績會比面授學生的成績好得更多。

（二）不受課堂限制及自行安排學習內容

由於線上學習允許學生自行安排學習時間，這也有助於解決在校學生選修課程時經常碰到的一個重大困擾：衝堂，也就是兩課程的授課時間重疊，導致學生只能擇一修課。在針對選修線上課程的學生進行問卷調查時，解決衝堂問題經常是學生選修線上課程的前三大主因之一。近年來臺灣的高等教育強調跨域、雙專長、甚至不分系的趨勢，事實上最大的阻礙也在於衝堂。線上學習除了幫學生解決學期中修課衝堂的困擾外，線上課程也提高了學生在暑假期間繼續學習的意願。大多數學生在暑假期間需要返家、出遊、打工或休息，因此不願意因為選修一兩門暑修課程就待在學校。但如果暑假期間有線上學習的學分課程，學生就可以不必被「綁」在學校，會有更多的學生願意在暑假選修課程。像是陽明交大於 2020 年暑假首次推出暑期線上學院後，平均每門課的修課人數超過 100 人，最受歡迎的課甚至有近280 人選修，而問卷調查顯示學生願意選修暑期線上學院課程的最主要原因之一，就是學習地點與時間的自主性極高。而如果學生可以利用暑期進行學習，將可以幫助資優的學生提早畢業，或可以讓程度較落後的學生分散學期中的負擔。

為更充分的發揮線上學習賦予學生的自主特色及優勢，也為了解當學生有更大的學習自主權後的學習狀況，陽明交大理學院於 2018

年設計了一個「自主愛學習啟航計劃」（Self-Active I-Learning, SAIL，以下簡稱自主愛學習計劃或 SAIL），挑選了理學院的 19 門課程製作全數位的線上學習教材，其中包括大一的基礎理化課程到大三的必修專業課，並邀請理學院科學學士學位學程的學生選修。選修 SAIL 課程的學生採完全自主的線上學習，每門課程雖然有線上助教，教師也可以在線上協助學生，但完全不規定學習進度，唯一限制是學生必須在選課後一年內完成課程評量。各課程每年提供至少四次定期的評量機會，修課學生可以自行從中擇定接受評量的日期，其中大部分課程允許學生選擇重複評量，但重複接受評量可能會以打折的方式計算成績。如此設計的目的是想利用線上學習，在理學院設計一個允許學生高度自主規劃學習路徑的實驗計畫，打破過去受限於傳統教學方法的線性式學期及學制框架，並藉著推動更適性化與彈性化的學習，來了解如此模式是否可以激發學生採取更多樣的學習路徑、培養學生的獨立思考能力，以及提高學生的學習效能。

理學院科學學士學位學程每年招收 15 到 20 位學生，四個年級總共有約 70 位學生，2018 年秋季學期初次推出 19 門 SAIL 課程時，其中有 41 位學生參加選修，也就是大約 60% 的科學學士學位學程學生至少嘗試選修了一門自主愛學習課程，總選課人次則為 69 人次。此計畫執行至 2020 年春季，為因應新冠疫情期間的遠距學習需求，擴大開放給理學院以外的學生選修，至 2020 年 9 月，累積修習自主愛學習課程的學生已達 470 人次，且選修人次有逐年增加的趨勢，參與選修的學生擴大到 21 個學系。經過分析歷年修課學生的學習履歷資料及反應問卷後，獲得以下結論：

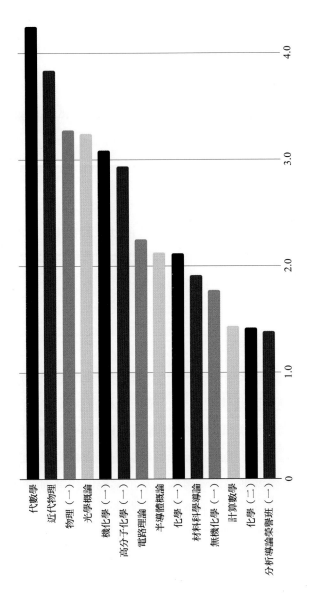

圖 2-7　自主愛學習（SAIL）全線上學程的學習速度（正常學期的學習速度設為 1.0）。

1. 學生修課通過比例平均達 90%，不低於甚至優於一般傳統課堂授課。
2. 學生的學習模式及學習進度安排出現多樣化的趨勢。
3. 超過 80% 的修課學生傾向於同意或非常同意 SAIL 課程「符合期待」。

以 107 學年上學期為例，在 14 門課當中，學生的完課速度全數比傳統授課給定的一學期來得快。甚至其中 5 門課，學生完課的時間只需要半學期不到，另 5 門課，學生平均只需要四分之一個學期就完課了。而這些都是理學院吃重的課程！

利用線上學習的優勢，更容易建立真正以學習者為中心的學習制度。「讓學生更自主的學習」取代「讓學生依循既定安排的學習」，會讓學生更有機會學到如何安排學習及有效學習。

（三）適合各種情況的學生

線上學習除了適合大學生與研究生，對想要進修的上班族來說，也是很適合的選擇，因此快速成為企業進行教育訓練的主流方式之一。美國的多項調顯示美國企業的教育訓練只有不到 50% 是在教室內進行，而且員工利用手機或平板等行動裝置接受教育學習的比例越來越高，許多線上學習平台也一再擴大為企業提供教育訓練的相關服務，且線上學習可有效解決以下企業重視的問題：

1. 員工須以工作任務為重，接受教育訓練的時間必須更有彈性。
2. 員工的工作地點散布各地，集中式實堂授課的授課成本及交通往返的時間成本高昂。
3. 如果員工分布在不同時區，還須考量如何接受授課內容統一的教育訓練。

綜而言之，對學習者來說，線上學習至少可以提供以下幾項實體授課難以達到的優勢，包含：

1. 學習自主，不會浪費時間，學習時間的投資報酬率及學習效益會比較高。
2. 可以依照自己的學習步調學習以及調整閱覽速度，例如加速或放慢觀看。
3. 可以在任何時間及地點學習，甚至邊遊學、邊修課。
4. 方便課程預習及複習。
5. 可以利用數位學習平台上進行更多樣的學習活動。
6. 可以利用數位學習平台上多樣交流方式與教師或學生交流、分享及溝通。
7. 線上學習履歷有利於保存及呈現學生的學習成果。
8. 減少在校生選課衝堂問題。
9. 方便學生利用寒暑假學習，程度好的學生可以提早畢業，程度較差的學生可以稀釋學習負擔。
10. 可以跟上國際間利用線上學習的風潮及趨勢，熟悉利用線上學習的方法。

11.更接近以學習者為中心的學習制度，以「讓學生更多元化學習」取代「讓學生依循安排的學習」，讓學生更有機會學習如何安排及利用時間。

四、提升整體教育的投資報酬率

線上學習的優點眾多，包括：增加學習者的學習效率及選擇，提升了學生學習時間的投資報酬率；提供教師教學的彈性及工具，提升了教師教學時間的投資報酬率；創造開放及共享教育的機會，提升了學校及國家整體教育的投資報酬率。也就是說，只需要投入少量的資金，就能達成眾多學生、教師、學校及社會追求的教學成果。以陽明交大從 2007 年開始採用線上學習的大一「基礎物理」課程而言，經過十年以上的觀察發現，學生、教師、學校、一般民眾都因此獲益：

1. 學生：自主學習的學習效率平均優於傳統實堂上課，學生自行掌握學習速度，包括利用快轉觀看或複習影片，有助於作更適性化的學習，用較少的時間得到相同或甚至更好的學習成果。

2. 教師：該教師每學期教授的學生人數從 80 人增加到近 200人，其還利用同樣教材開設暑期線上課程及高中人才培育課程，這些過程並未大量增加教學負擔，且學生反映均非常良好，讓該名教師的課程始終是全校最受歡迎的物理課程之一。

3. 校方：在未影響學生學習效果的情況下，該名教師負擔了約

三倍於其他教師的學生，學校因此可以減少開設實堂授課班級，原來的開課教師可以轉去開設其他課程或做研究，讓學校的課程種類更為豐富多元。另外，該名教師在暑期開設的線上基礎物理課程，由於學生不用到校上課，更受學生歡迎，而且減少耗用學校相關資源。學校於 2006 年投入製作該門數位課程的總經費不到 50 萬元臺幣，經過十幾年的反覆利用，為學校創造的學習效益及經濟效益可能已經數十倍或百倍於其原始投資。

4. 一般民眾：校方將該門課程開放給一般民眾觀看，補足終身學習端對此課程需求的缺口，也提升民眾的基礎物理素養。

5. 社會：使用開放式課程的民眾增加，讓更多人對物理產生學習興趣，提升終身學習風氣。

此案例很清楚的點明，線上學習可降低教育成本的優勢將隨著使用規模擴大而顯現，且規模愈大、邊際成本（marginal cost）就愈低。對於缺乏教育資源的偏鄉、有數位教學內容需求的社會、甚至是教育資金吃緊的國家來說，推廣線上教育不失為一種既能維持教學品質，又能達成教育目標或增進教育投資報酬率的方法。尤其因為科技產品及技術的進步，製作數位內容的軟體及硬體成本越來越低廉，有興趣製作數位內容的教師甚至僅用幾萬元的費用（包括購買電腦、攝影機、麥克風、手寫板、背景燈、錄影及影片剪輯軟體的費用），就可以自行製作高品質的教學影片，這又再度大幅降低製作數位內容的成本，也進一步提高線上學習的整體投資報酬率。

2.2 對線上學習的誤解

　　雖然線上學習已在臺灣發展超過二十年，但仍有許多人對線上學習存有誤解，其中常見的誤解包括線上教學課程的品質比實堂授課差、教師進行線上教學時的專注程度會比實堂授課差、學生進行線上學習的成效會比實堂授課差，以及學校採用線上教學只是為了節省成本等。這些誤解導致當新冠疫情發生、許多學校需全面改採線上學習時，不僅部分家長反彈，連校務行政與政府決策者也錯誤應對。例如，2021 年 5 月，臺灣正值疫情高峰，高中職以下學校大多停止實堂授課，但臺南市政府教育局卻發函學校，要求教師仍然須到校，而學校須開放教室，讓老師於授課時間在教室內進行線上授課。經教師強烈抗議後改要求教師須提供授課用的 Google Classroom 網頁連結，以便校長與主任掌握教學情況。這正是因為政府對線上教學存有「老師會偷懶」的負面認知，導致施政者提出違背現實情況的要求。不止校長主任的「巡堂」影響到線上教學的進行，校長主任每節課必須在數十個課堂連結中進進出出，也是疲勞萬分。

　　不僅是中小學對線上教學的誤解，危害了防疫措施，在高等教育界也發生類似的情況。中原大學於 2020 年 3 月初出現學生確診新冠的病例，由於此前中原大學已完成全體師生線上教學的準備，且考量到校園與周邊城市並無實體隔絕，疫情若於校園中擴大將直接影響至市民，故全面取消實堂授課，清空校園，公告學生連假之後不必返校，就地進行線上學習。但這番措施卻導致一些家長向教育部檢舉，

認為校方既然沒有進行實堂授課，就應該退還學費。這番輿論，竟使得教育部當時要求「大學實施全面線上教學必須事先申請核准」，爾後隨著疫情擴大，又要求各大學「僅能以防疫演練為由實施全校線上教學，且一次不得超過兩週」。這些管制的部分原因就是來自於「線上教學品質不如實體」的迷思，認為不是在教室內實體進行的授課，就不具備品質保證。

其實線上教學從網際網路出現發展至今，已有大量科技與工具可運用，可以達成不輸實體教學的授課品質。不可否認，實體教學仍有其不可取代之處，尤其對於高中以下的學生，學習可能不只是知識的吸收，心智培養與人際關係可能更為重要，因此需要許多互動式的學習，包含面對面的師生交流、班級經營、同儕互動等，都是線上教學難以達到的。但線上學習從不是實堂授課的替代品，而是輔助、補強、增加學習管道的選擇，因此線上學習確有其值得推廣之處。

不過，臺灣至今仍然對線上學習的各個層面有普遍的誤解，因此導致社會輿論長期傳遞出線上教育的「次級感」，甚為可惜。以下我們便一個一個來破解這些臺灣社會對線上學習的迷思！

誤解一：線上教學課程的品質比實堂授課差

此誤解的由來應為線上學習的前身：利用函授與廣播的遠距教學所導致。過去函授課程與廣播教學因為受限於科技，無法提供學生教學影片，以及足夠、個別化、即時的學習教材，且部分授課教師未經

過正規訓練，導致課程品質的確往往不如實體教學。

　　但如今數位教學及線上學習平台的技術及功能已經相當完備，可以使用的線上學習工具很多，絕對不僅限於觀看教學影片而已。即使是教學影片，也已經有許多可以附加及輔助學習的線上工具，例如 in-video quiz 的設計允許教師在教學影片當中插入簡易的問題或測驗（圖 2-8），這樣的設計不僅可以讓學習者即時檢視自己是否確實理解教學內容，也可以調節學習的步調，避免長時間觀看影片的疲勞。且自從磨課師推出後，課程大多由全球頂尖大學的教師所製作，大幅翻轉許多人對線上課程的陽春印象。

　　對線上課程品質的質疑，同時也導致另外一個誤解：以為「線上

圖 2-8　在 ewant 育網平台觀看影片，教師可提供 Invideo quiz，作為下個知識點的引導。

課程比較容易通過」。事實上，課程評量的標準與課程學習的方式是兩件不同的事情，線上學習課程是否比較容易過關，與授課教師選擇的評量方式及標準有關，跟「線上」沒有必然的關聯。線上課程與實堂授課一樣，都有可以輕鬆過關的課，也有很難通過的課。

以陽明交大 2021 年暑期線上學院推出的 27 門線上通識教育學分課程為例，有 2,000 位來自 40 所不同大學的學生選修，各課程授課教師的評量方式及標準各有不同，最終各門課程的通過率及平均成績如圖 2-9 所示。全部課程的整體通過率為 80%，全部學生的平均分數為 79 分，並沒有高於一般大學通識教育課程的通過率或平均成績，其中有幾門課程的通過率或平均成績甚至明顯低於一般實體通識課程。但有趣的是，當請學生為授課教師打分數時，仍有高達 50% 的學生打出滿分（10 ／ 10 分）。

另一個可能讓人誤認線上課程比較容易過關的原因是：某些課程改為線上學習後，課程的通過率明顯提高了。但是造成通過率提高的主要原因，更可能是線上學習的學習效益較高所致，而非教師的評分標準降低了。陽明交大推行多年的線上教學經驗也驗證了上述情況：自 2007 年開始使用**翻轉教學**進行基礎物理課程後，學生的等效閱課率高於以往實堂授課的到課率，再加上線上學習的平均學習效益較高，學生還可以重複觀課，使得學生的修課通過率從實堂授課時的 85% 提升到翻轉教學後的 95%，更重要的是多數學生不論是選擇實堂授課或是線上課程，首要考量通常都是課程內容是否符合自身興趣與需求，能否輕鬆通過課程，往往不是學生最重視的考量因素。

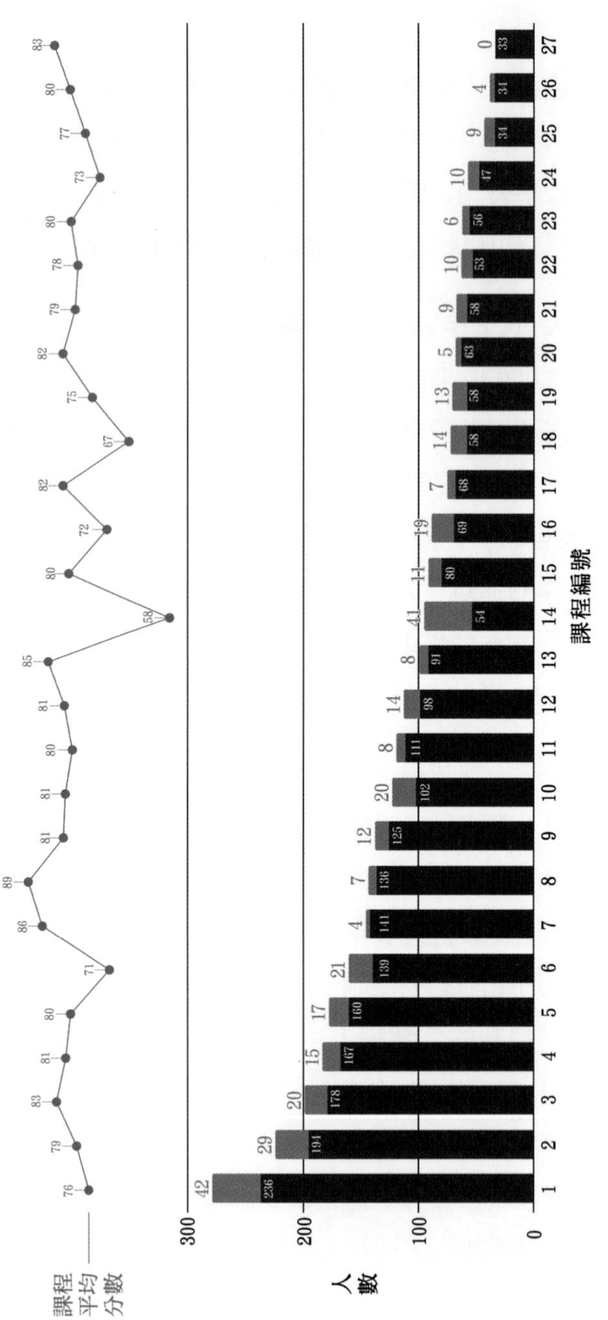

圖 2-9　2021 年暑期線上學院課程課程通過率與平均成績。

誤解二：教師進行線上教學時的專注程度比實堂授課差

誤解線上學習內容品質的另一來源是認為教師會因為沒有人監督、只是錄製影片，而在教學內容上偷懶。但是一門線上課程的初次開授，通常需要數個月或更長的籌備期，部分大學甚至以專業工作坊的方式，安排教學設計師與教師一同發展學習目標、檢視課程內容、錄製多媒體教材、編寫活動指導等課程開發任務。到正式開課時，授課教師不必在學期間重複講授工作，便可將寶貴的教學時數專注於與學生的互動跟評量指導。

事實上，線上課程的開授往往要更有組織與品質，同時因為透過科技幫助教師免去講授、作業指派、選擇題批改等重複時間及精力浪費，教師更能專注於師生互動，以及未來的課程改進。另外，隔著螢幕進行的同步線上教學，非常考驗教師的管控能力，需要進行授課、班級管理、注意學生反應、課堂紀錄等，還須在小小一方螢幕中達成一心多用，無論是否嫻熟線上教學科技，對教師來說仍有一定負擔。也正因為線上教學需要額外投入與面授不同的心力，還要承受教材會被隨時公開及放大檢視的壓力，因此願意教授線上課程的，反而常是教學聲譽較卓著的優良教師。

線上教學不僅不會讓教師偷懶，甚至可以促使其使用某些實堂授課不易進行的教學方法，幫助發展出更優質的教學。比如線上教學平台可以利用同儕評比的設定，讓學生在進行專題報告的同時，開放其他學生觀看，同步給予意見或評分，而在課程中加入這樣的互動環

節，可以非常有效地促進學習者彼此的觀摩。

另外，由於線上討論區允許學習者在任何時間提問、發表意見或參與討論，許多研究發現與實堂授課比較，經營良好的線上討論區可以讓更多的學習者願意與教師互動，還經常誘發更多學習者之間的互動，有效地建立社群學習的氛圍。近期的研究更發現，在線上學習平台引進人工智慧助教也能促使部分學生更願意主動發問。

綜上所述，隨著線上學習平台的技術及功能不斷被加強，線上學習早已經不只是觀看教學影片而已了。一個設計良好的線上學習課程可以包括許多不同的線上學習活動，教師與學生、或學生與學生之間的互動模式，甚至可能比傳統實堂授課更為多樣及頻繁。因此，對教師來說，線上學習絕不只是預錄影片、照本宣科，反而更有可能敦促教師提供更好的教學品質。此外，當線上教學的一言一行都有紀錄存底，甚至可能被不特定的大眾所檢驗或傳閱時，授課教師往往會更為認真的經營課程。

誤解三：學生進行線上學習的成效比實堂授課差

在線上學習中，教師與學生無法面對面互動的特質，容易導致社會大眾的不信任感，認為當學生缺乏教師在課堂上的即時監視，只是自行「看影片」、自行「做測驗」，似乎學生就不會認真學習，但事實上，線上學習有時反而能提供學習者更好的學習時間及學習效率，

讓他們可以在更適合自己的時段、用更短的時間內學習到相同的知識。特別是當學生選擇線上學習的初始動機並非「偷機取巧」時，學生更不會在自主線上學習時裝模作樣或隨便應付。

陽明交大曾經於 2016 年以無記名方式調查校內學生選修傳統實堂通識教育課程的主要因素，結果發現學生選擇課程的前三大主要考量依序為：是否喜歡課程內容、課程時段是否合適、課程作業與報告負擔是否沉重，至於「老師給分甜不甜」，也就是課程是否容易通過，則僅是第四順位的考量因素。

而後自 2016 年至 2021 年間，陽明交大再針對 ewant 育網平台上開設的線上通識教育課程進行類似調查，其中包括陽明交大校內的學生及跨校選修的學生，結果顯示學生選修線上通識教育課程的前三大原因是：對課程內容有興趣、避免衝堂問題、上課時間及地點具彈性、減少舟車勞頓。經過比對選修實堂課程學生及選修線上課程學生的反應，就可以立即了解學生選擇線上課程的主要原因與選修實堂課程的原因大致類似，並不是為了想「偷機取巧」。

事實上，許多針對線上學分課程學生進行的問卷調查及學習履歷分析，還發現學生利用線上學習的認真程度超越傳統實堂授課。2021 年暑期線上學院於期末考後向來自 58 所大學的 3,000 多位修課學生發出問卷，請他們比較自己修習傳統實堂授課及暑期線上學院課程的學習態度。在 1,431 份問卷中，56% 的學生表示學習態度沒有差別，有 34% 的學生則表示自己在線上課程的學習更為認真，僅有 10% 的

學生認為自己在線上課程的學習比較不認真。且回答問卷學生的結課成績分布與整體學生的成績分布大致相同，因此顯示這份調查的結果應該足以代表整體的分布趨勢。2022 年，ewant 育網平台對平台使用者進行線上學習情報調查，在 2,000 多名的學習者填答中，58% 的學習者認為線上學習的效率更高，52% 的學習者表示線上學習的成績更好，說明當代學習者對線上學習的成效有足夠的信心。

誤解四：學校採用線上教學只是為了節省成本

線上教學在發展初期的建設成本不會比實堂授課低，因為尚包含基礎建設、技術開發、課程教材製作費用、教師鐘點費用、進用數位教學人才等額外費用，學校若要推廣線上授課，一開始不太可能是從降低成本的層面出發。但長期來說，當線上課程具備一定規模，所需的經營成本的確會比同樣的實堂課程要低，像是減少教學設施、教師

圖 2-10　2022 年的學習者肯定線上學習的學習成效。

鐘點費用等，並創造更多邊際效益。例如，學生減少在教室內定點學習的時間，學校就能減少建築維護與硬體設備的支出，而可以將資金集中在改造教室成更具彈性的學習空間、或是裝設遠距連線設備，方便教師使用。當教師從例行授課中解放，就能獲得更多時間進行更彈性的運用，如研究、設計新課程、參加研討會等，其效益不但可能超越學校導入線上教學所花費的資金成本，甚至會帶來更長期的投效。

以上四項對線上學習的誤解，普遍存在於社會大眾之間，容易造成推廣線上學習的障礙，甚至在政府部門制定相關政策時，有時也會受到這些誤解的影響，而提出不符現實的法規或要求。但現在有越來越多人提供或使用線上學習課程，這些誤解逐漸被破除，若社會大眾能對線上學習有正確了解，就會有更多人受益，社會便得以建立一個更有利於線上學習發展的氛圍。

2.3 健全線上學習發展的關鍵

從過往臺灣的線上學習發展歷程可得知，要誘發社會對線上學習的需求度與接受度、催生線上學習內容，並促成兩者的良性循環，需要的不僅是單一機構、單一學校或單一業者的努力，而需要社會各層面的參與及支持，其中尤以四個面向最為關鍵（圖 2-11）。

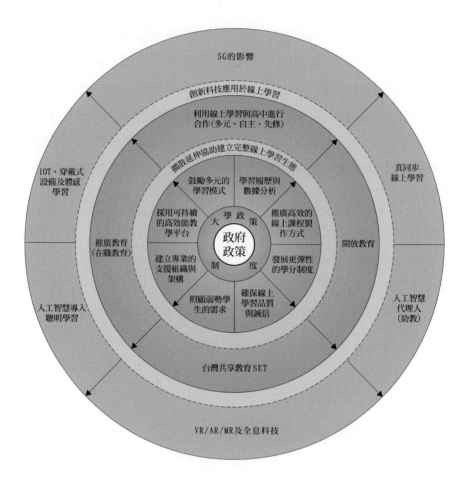

圖 2-11 推動線上學習的重要層面。

一、政府政策的協助與推動

　　臺灣的社會結構、法律規範與市場規模都與歐美不同，無法完全複製歐美的發展模式，推動線上學習更需要仰賴政府制定相關政策作

為啟動的動能。比如政府主導完成軟硬體的基礎建設、促進雲服務與平台的建立，提供經費鼓勵教育單位製作線上學習素材，此外，還需要有效地將線上學習納入國家教育體系中，同時避免過度的牽制，以鼓勵學校發揮創意，讓各級學校成為推動線上學習的主力軍。因此，政府的態度如何、是否及時制定相關政策、政策內容有無與時俱進，都將從根本決定臺灣的線上學習是否能健全發展。

二、線上學習在學校的扎根

　　尤其是各大學校院要能夠在政策及制度上，建立有利於數位學習生根及茁壯的環境。誠如本書第一章中所述，大學是臺灣唯一同時具備線上學習內容開發、平台建置、教學應用／創新、研究發展等多種能力的單位，因此扮演關鍵性的角色，但線上學習要在高等教育發展，不能只仰賴單一位教師或單一個校務單位的熱情，若期待全校性的規劃與投入，更需要從制度層面進行設計及改變。

三、完整的線上學習生態

　　由於線上學習無遠弗屆、彈性多元、技術密集的特性，因此牽涉到的各式應用及技術要件相當廣泛，而且不同應用及要件之間往往交互影響、甚至環環相扣。是故，線上學習是否能夠在臺灣永續發展，很可能取決於能否建立完整而健全的線上學習生態圈。有了健全的線

上學習生態，方可永續推動學習需求、催生學習內容、達成資金循環、擴大社會接受度，並造成良性循環，使線上學習真正深化在社會的各個層面。

四、創新科技的開發及應用

　　如今的線上教學之所以能夠達到不輸給傳統實體教學的教育品質，同時提供許多傳統實體教學所沒有的優勢，多仰賴科技的發展。隨著科技的不斷創新，也將為線上學習創造更多新的可能。5G/6G等通訊技術的更新，讓更多地區與更多學習者能以低成本使用網際網路。AR、VR、虛擬實境與全息科技等新技術推陳出新，能幫助教師製作更精緻深入的教學方法及線上學習內容。生成式人工智慧席捲全球，更將全面影響學習的型態，讓教育更可能達到因材施教（或因材自學）的目標。如何將這些新興科技有效與線上學習結合，必然會是發展線上學習的重要課題。

　　接下來我們將分別從政府政策、學校制度、線上學習生態與新興科技導入線上教學，說明及討論臺灣推動線上學習永續發展的關鍵與挑戰。

第三章

政府政策與
高等教育的線上學習

由於美國的高等教育水平位居世界頂尖，過去六、七十年來，許多國家在設計其教育政策時，常會參考美國的做法，臺灣也不例外。但美國是全球最為資本化及自由化的聯邦制國家，聯邦政府對教育事務的掌控程度相當有限，各級學校及各州的教育政策可以有更大的自主空間，連帶使得各級學校、尤其是大學在辦學方法上擁有很大的自主權，得以透過自由競爭的機制，經由優勝劣敗的自然淘汰，讓表現優異的學校自然浮出。

美國之所以出現此類教育發展模式，是因其獨特的文化、制度及市場因素造成，並非其他國家可以輕易複製。以經費的自主來舉例，美國各大學可以自訂收取學費的標準，多數大學採取高學費搭配高額獎學金的學費政策，另外還有來自大量校友挹注及各種來源的自籌經費，使學校不必過度依賴政府補助，因此聯邦政府對各大學的牽制及影響力自然較弱。反觀亞洲國家，政府在工業化過程中，為快速培養國家所需的高級技術人才，常常會主導規劃高等教育的發展，並以公立校院作為國家高等教育的主體，也因此傾向限制大學校院收取學費的標準，包括採取低學費政策，使得政府必須大量補助各級學校的運行。也因為學校要高度依靠政府補助才得以生存，政府就更順理成章對各級學校進行全面性的監管，即使面對應該儘量多元發展及自由化的大學也難有例外。

臺灣如同許多亞洲國家，由教育部負責規劃及實質掌控大學校院發展的諸多細節，從大學及院系所的設立、編制內教師人數、學生招生人數、學費、修業年限、學位授予的方式、是否撰寫畢業論文等，

都受到教育部的管理和限制。因此政府政策必定直接影響到國家高等教育的走向，數位學習的發展也是如此。若要有效促進臺灣數位學習的健康發展及建立完整的數位學習生態，就不得不從政府的態度及政策著手。觀察過去近二十年臺灣政府有關高等教育數位學習的政策及其施行結果，可以得出以下幾項具體的建議：(1) 以鼓勵創新取代過度防弊、(2) 大幅修廢落伍法規、(3) 正確釐清手段與目的，與 (4) 建立協調統合機制。

3.1 鼓勵創新取代過度防弊

目前臺灣的許多政策未能更有效促進線上學習，原因之一是政府對線上學習的部分認知仍停留在 20 世紀對遠距教學的印象：遠距教學品質參差不齊、學習成效不佳、單向傳遞枯燥、驗收標準鬆散，或認為線上學習仍屬於補救教育與夜校的範疇，故政府必須採取強力的規範和監督，避免不肖業者以教育之名行斂財之實，紊亂社會安定。雖然此類誤解早已於 2002 年 MIT 推動開放式課程及 2012 年磨課師出現後被逐個打破，許多研究也證明如今的線上教學內容質量不輸傳統實體課程，教學成效也可以贏過實體課程，但許多相關法規仍然明顯偏向防弊，而不是鼓勵。由於法規必須一體適用，結果就將所有大學校院像玩兩人三腳一般的綁在一起，造成「因為怕有學校走不快，就不准任何學校跑起來」的現象。但對重視創新及卓越的高等教育而

言，這樣的心態及限制卻是嚴重影響了高等教育發展線上學習的意願及進度。

　　因為政策防弊而阻止大學數位教學創新的一個典型例子是在2006年，教育部表示「為提升大專校院數位學習課程的品質，激勵師生參與數位學習的意願」，開始辦理大專校院數位學習教材及課程認證作業，但其中認證細項規定繁複瑣碎，有些甚至公布即落伍，跟不上數位學習發展的快速腳步，與實作現場之間存在巨大落差，使得許多有興趣嘗試線上教學的教師望而卻步，不只未能達到「激勵師生參與數位學習」的目的，甚至可能背道而馳。

　　為了解及測試教育部所推的數位課程認證機制，陽明交大曾經挑選一門由得過三次教學獎、極受學生歡迎的教師所主授的線上課程，

圖 3-1　高等教育是社會創新的火車頭，不宜施以兩人三腳的過度限制。

請教育部進行數位學習課程認證。儘管該課程在校內及在開放式教育平台上都非常受歡迎，但結果卻未通過認證，教育部駁回的理由為「線上討論不夠」。有趣的是，如果用同樣的標準檢視現行大學校院內所有的實體課程，可能有90％以上的傳統實堂授課教師都會被評為不及格。另外，許多數據證明，通過數位課程認證與否，與線上課程是否受學生歡迎根本沒有明顯關聯，這樣的課程認證有何意義？

線上課程「凡走過就留下痕跡」的特質，本來是其超越傳統實堂授課的主要優勢之一，卻反而被數位課程認證拿來當作對其過度要求或吹毛求疵的軟肋。若教育部對傳統實堂授課也進行同樣的繁瑣檢視及要求，會發現絕大多數的傳統實堂授課課程恐怕也無法通過認證。這就證明主管單位尚未擺脫其對線上學習的錯誤窠臼印象及歧視，而這樣的態度也會跟著誤導其他大學校院對線上學習的認知，對推動線上學習造成很大的傷害。

數位技術日新月異，線上學習的型態與經營模式也一直在變化中，臺灣的高等教育界最需要的應該是教育部鼓勵創新的機制，而不是一直以不信任的態度對線上學習進行過度的規範，或因此在制定相關法規時，經常出現趕不上技術發展或時代步調的情況。

3.2 大幅修正或廢止落伍法規

　　教育部為規範大學校院實施遠距教學，於 2006 年首度頒布《大學遠距教學實施辦法》，明訂「凡授課時數二分之一以上以遠距教學方式進行」的課程為遠距教學課程，並規範這類課程的實施方式及數量等，就已經顯現教育部對線上學習的不了解。舉例來說，當時規定辦理網路教學的學校必須自行建置線上學習管理系統，各校的網路教學課程應在自建的學習管理系統上進行，但因為網路雲服務的成熟、影片分享平台（例如 YouTube）及開放式線上學習平台服務的快速發展，許多採用網路教學或線上教學的教師早已不需要仰仗學校自建的學習管理平台。

　　另外，當時的辦法還規定學校開授遠距教學課程時，必須先擬定具體詳細的教學計畫，報教育部備查，但同一時間一般實體授課的課程完全由校方自行審定開課，無須報備。由此處便可看出，教育部對遠距教學課程抱持的不信任態度，因此對線上教學設下了多重管控。事實上，在《大學遠距教學實施辦法》實施的十年期間，教育部幾乎沒有駁回過任何請准報備的遠距教學課程，所謂的備查也只是徒具形式而已。

　　經過許多實際執行線上教學的教師一再反映，教育部終於在 2016 年重新修訂該辦法為《專科以上學校遠距教學實施辦法》，取消了各校遠距教學課程必須報部備查，以及必須在自建學習管理系統上進行的落伍規定，但從 2006 年至 2016 年實施十年以來，已經造成

外界對線上學習課程品質比不上傳統實體課程的錯誤印象，其傷害難以彌補。

　　另一個因為防弊思維、卻嚴重違背線上學習潮流的案例，則出現在教育部頒定的《專科以上學校推廣教育實施辦法》。該辦法將專科以上學校「針對社會需求所辦理有助於提升大眾學識技能及社會文化水準之各項教育活動」都定義為推廣教育。依此定義，所有臺灣各大學所製作的磨課師課程都應該屬於推廣教育。該辦法並要求「學校辦理推廣教育，不得將招生、教學等事務，委由校外機構、法人或團體辦理」，依照此一規定，各校的磨課師課程應該就「不可以」放置在非自校經營的線上學習平台，因為這樣就是將課程的招生及教學事務委外辦理，屬於違法。若切實依照此辦法執行，不用說臺灣不可能有磨課師平台或推動磨課師運動，各大學製作的磨課師課程應該也不可以在海外平台推廣。臺大於美國 Coursera 平台上架的磨課師課程招生明顯是由國外平台主導負責，修課學生在該平台上通過考核後，經由

圖 3-2　Coursera 平台上的臺大課程首頁。© Coursera

Coursera 收費頒發證書，臺大還會因此取得分潤，更明顯違反《專科以上學校推廣教育實施辦法》。請問教育部是否應該進行處罰或禁止？教育部訂定法規時，若沒有掌握線上學習的發展趨勢，對線上學習的特性缺乏了解，就很可能會發生此類「法規一訂定、立即就落伍」的現象。

觀察政府種種法規的制定方向，可以看到教育部對線上學習高度管控、低度瞭解的遺憾事實，加上網路世界日新月異的發展速度，更讓法規的更新難以追上時代腳步。與其嘗試加速法規的更新，不如放寬規範，給予更多創新的可能性。對於線上學習，沒有規範的確可能產生一些弊端，但若以條條框框去限制線上學習，卻可能造成更大的桎梏。在快速發展的網路與線上學習領域，若能大量減少法規設下的層層限制，對高等教育發展線上學習來說應是利遠大於弊。

3.3 正確釐清手段與目的

如本書第一章所述（圖 1-9），要建立一個可以永續發展的線上學習環境需要考慮網路環境建設、線上學習內容、對線上學習的需求度，此三要素必須同時滿足，線上學習生態才能產生良性互動及持續發展。當臺灣已經具備良好的網路環境，政府當然就想到需要提供線上學習內容，因此近二十年來大多數與數位學習相關的法規及大型計畫就都將重點放在數位內容或數位課程上，例如國家型計畫要求各政

府機關提供數位內容、教育部推動數位課程認證、遠距教學實施辦法重點規範課程數量、磨課師計畫主要補助課程製作等。但在實施時，卻往往誤將手段當成了目的，讓許多計畫只是將課程數量當作計畫成果，嚴重忽略了更重要的「人」及「環境」因素，未能有效誘發及建立對線上學習的需求度，結果對建立臺灣永續的線上學習環境，沒有產生足夠的影響或甚至造成反效果，以下用三個具體例子說明：

第一個例子是自 2002 年起陸續推動的幾個與數位內容或數位學習有關的國家型計畫，每個計畫經費從十億到數十億不等，計畫結束時的確產生不少數位內容及展示網站，但因為沒有將推動大學的線上學習融入該計畫中，因此未能刺激產生明顯的線上學習需求或建立線上學習的持續發展機制，多數計畫成果網站在計畫結束不久後，其連結就中止更新乃至失效。

第二個例子是教育部自 2006 年開始實施的數位課程認證。多年實施的結果顯示，許多最受學生歡迎的線上學習課程沒有接受數位課程認證，而取得認證的課程也未必受學生歡迎。其實，教育部早就應該從審核個別的數位課程轉變為輔導及獎勵線上教學師資，因為線上學習持續發展及擴散的真正動力是師資而不是課程，課程應該是數位師資培育過程中產生的部分成果及副產品。培養更多教師具備產製高水準線上課程的能力，就無需再對個別課程進行審核。更重要的是，具有線上教學能力的教師除能持續產生高品質的線上課程外，還能對其他教師提供協助及造成正面擴散的影響，才會形成一個有機成長、正向回饋、利於線上學習發展的環境。

由於教育部過去重視防弊及課程認證，輕忽鼓勵及人才培養，造成線上教育發展至今，仍缺乏一套較完整的教師線上教學能力培育系統。相比實體課程有師培機制、教育學程，如今的線上教學人才培訓仍相當零散，大多學校是隨機邀請具備線上教學經驗的講者舉辦講座或研習，教導有意或已經投入線上教學的新手教師們如何使用單一工具或技巧，並未能有系統地傳授線上教學應具備的完整知識及能力。

第三個例子則發生在教育部資科司規劃推動的磨課師計畫。資科司於 2014 年開始推動大學磨課師計畫，鼓勵各大學製作磨課師課程，但當時並未補助特定磨課師平台，而是期待利用市場競爭機制，讓當時已經出現的四個磨課師平台自由競爭。經過八年刻苦經營及發展，其中的 ewant 育網平台最終利用多角化經營模式，成為臺灣最大的磨課師平台。但在 2022 年，資科司突然聲稱需要集中展示磨課師計畫所補助製作的課程，因此花費大筆經費建立公營的教育部磨課師平台（https://moocs.moe.edu.tw/，edu 磨課師＋），要求獲得磨課師計畫補助的學校將所有磨課師課程在公營平台上公開展示，新課程必須在公營平台上至少經營一次，公營平台甚至會免費頒發課程觀看證書。由於全球所有民營磨課師平台（包括 ewant 育網平台）的永續經營模式之一就是「學習免費、證書收費」，公營磨課師平台嚴重侵蝕民營平台的重要營利模式之一，直接戕害民營平台的生存。

乍看之下，成立公營磨課師平台看似立意良善，但實際上是以納稅人的稅金，收割民間平台好不容易建立起的使用者族群與證書付費文化。教育部直接以公務預算粗暴補貼的政策，再度強化社會對「受

教育應該免費」的誤解，還扼殺民間平台花費長久心力嘗試後才逐漸建立的經營模式。這種做法不但破壞已經逐漸建立的線上學習生態，還會讓想要熱情投入線上學習平台的人裹足不前。最終，很可能會將磨課師降級為開放式課程，民營平台一個一個的消逝，只留下公營平台成為死氣沉沉的線上課程墳墓。

　　公營磨課師平台的出現，再度顯示出政策制定者不了解線上學習，未能正確釐清推動計畫的最終目的在建立可以永續發展的線上學習生態，而不只是製作幾門數位課程、發出幾張證書的 KPI。磨課師計畫雖然補助數位課程的製作，但該計畫成功與否的最重要指標是臺灣是否有磨課師平台因此出現，並找到永續經營的模式。如果臺灣能產生永續經營的磨課師平台，就必然代表這個平台成功開發了對線上學習的需求度。如果磨課師計畫沒有能在臺灣造就任何一個可以永續經營的磨課師平台，這個磨課師計畫就是失敗的！教育部補助各大學製作磨課師課程如同是為乾涸的土地降下甘霖，目的是希望能孕育出可以茁壯的樹。結果在經過八年辛苦澆水，終於長出幾株健康的小樹時，資科司卻突然說要抽回土裡的地下水，裝在另一個水池裡，當作計畫的成果來集中展示。這不正是另一個誤將手段當成目的，以為做出幾門數位課程就是所有目標，結果反而戕害線上學習生態正常發展的負面案例？！如果相關政策主導單位在推動數位學習二十年後，仍然沒有分清楚推動線上學習的手段與目的為何，則臺灣的線上學習發展將會始終艱辛。

3.4 建立協調統合機制

　　線上學習的一大優勢就是方便打破邊界，可以跨校、跨界、跨域、跨時空的使用，而且邊際成本會隨著使用族群的擴大而降低，因此可以提高教育的投資報酬率。對臺灣而言，當人口數因少子化而不斷下滑，教育投資不太可能提高、甚至可能減少的情況下，更有必要提升教育的投資報酬率，因此如何有效推動線上學習就愈形重要。此時，政府相關單位也需要打破邊界，在數位學習方面作更多的橫向整合及溝通。

　　以教育部為例，其內部單位分工明確，與高等教育有關的單位有高等教育司、技術及職業教育司、資訊及科技教育司、終身教育司、國際及兩岸教育司，但在推動或規劃數位學習時，幾個司之間卻往往缺少溝通，沒有讓線上學習充分發揮跨界、跨域應用的優勢。舉例來說，資科司負責推動的磨課師計畫強調開放教育的運用，卻跟終身教育司幾乎沒有任何溝通；磨課師計畫課程都是由各大學教師設計製作，應該可以用在校內學分課程，但高等教育司卻沒有協助推廣；疫情期間，國際及兩岸教育司負責推動的華語教學應該積極拓展線上學習，卻沒有與資科司或高教司等單位在這方面進行協作；海外臺灣學校是臺灣社群在各國重要的灘頭堡，但資科司的「中小學數位學習精進方案」方案，卻完全忽略這 4 至 5,000 名擁有臺灣國籍的海外學子。再以「中小學數位學習精進方案」為例，即使是單一司處主政，其中有關高中的部分，因為全國各高中分為國立、縣市立及私立三大

類，而三類高中所屬的主管機關各有不同，使得各高中不但作業程序無法一致化，甚至連經費的支用、核撥入庫的時間和期末的成果要求都不同，使得各校業務承辦人在政府機關公文、推動辦公室、輔導團等多頭馬車之間來回奔波，無所適從。本該可以輕易打破邊界的數位學習卻在碰到官僚體系時，左右掣肘，在在影響了計畫的推動。

若一個單位推行的線上學習計畫、成果與經驗，因為權責與工作內容劃分，而難以推行至另一部門，就會造成不同單位重複推行類似的業務內容及增加無謂的成本浪費，線上學習也就無法充分發揮優勢。為了避免上述窘況，政府各部會（例如教育部）應就數位學習在部會內部建立一個跨司、處的協調統籌機制，統整各單位發展線上學習的需求，並主導跨司處的線上學習推動計畫。舉例來說，當各高中職校提出推行線上學習的需求時，教育部的統籌機制就能協助將大學既有的課程內容或學習平台提供給高中職參考使用，也可以藉線上學習催化大學及高中的溝通及合作。

同理，若行政院能建立跨部會的數位學習協調機制，那當政府內不同部會提出線上學習需求時，就能更有效的整合各方資源並加以運用。以近年疫情爆發期間為例，社會上產生大量的公共衛生教育需求，許多醫療衛生人員也需要即時的在職教育訓練，而線上學習既能符合防疫隔離的要求，又能完成教育目的，是最適合的處理方法。此時，若能透過跨部會（至少包括衛生福利部及教育部）的協調，充分利用現有的線上學習平台及課程，再作部分補充，提供給衛生福利部等相關部會使用，不只可以快速地因應需求，也避免另外付出過多額

外成本，充分發揮線上學習跨界、跨域、跨時空的優勢。但很可惜，在疫情期間，即使設立了數位發展部，行政院所屬各部會間似乎沒有在線上學習方面作任何明顯的溝通或合作。

　　政府措施之於線上學習，就如同雨水之於樹苗，雨勢過猛或不足，時間過長或過短，地點過偏或過於集中，都可能對樹苗的成長苗壯造成不利的影響。期許政府能真正了解線上學習生態圈發展所需，正視現行法規的諸多不合理，翻轉保守心態，積極鼓勵創新，讓政策能成為一場豐沛的及時雨，為未來所有學習者留下一片生機盎然的蓊鬱森林。

第四章

帶領變遷的
高等數位學習校園

歷經新冠疫情的洗禮，社會大眾已經不再認為教學與學習只能在學校的教室內進行，外加行動裝置及數位工具的普及，也讓學習具有化零為整、化整為零的彈性與創意。在線上學習與實體授課相輔相助的情況下，選擇遠距學習的學生也能夠踏進校園和其它同學實體互動；傳統學制的面授學生，也可使用線上平台和世界上形形色色的學習者一同學習、交流。例如 Code.org 公益運算思維與程式語言學習平台，便匯集了超過 10 萬名 8 歲至 88 歲的學習者，在平台上一同學習寫程式。網路上的共學形式繽紛多彩，是高等教育有必要效仿、學習，甚至帶領變遷的。如何實現帶領變遷的高等數位校園？本章從鼓勵多元學習模式、善用教育大數據、推動高效的課程開發、更彈性的學分制度、專業的人才培育與支援組織、可持續的教學平台，並照顧到弱勢學生的數位機會等幾個方面說明。

4.1 鼓勵多元學習模式

　　大學教授作為塑造開放校園風氣的核心，在科技時代中，更需要與時俱進，鼓勵學生與社會擁抱創新多元的學習型態。清華大學前校長梅貽琦在 1931 年就任時表示「所謂大學之大，非謂有大樓之謂也，有大師之謂也。」昔日的師長們身在講堂，有些為了樹立威信，不免與學生有段距離，但如今時代已改變，現代的大學教師不僅在講堂上，就連在線上及線下都要能華麗現身，即使未必親臨授課，依然能

隔空越地，讓學生如沐春風。這就需要學校建置完善的基礎設備、充分的線上內容，才能讓師生獲得充分的支持，教師也可善用非同步、同步、混成、翻轉及播客教室等多樣學習模式，強化學生的自主學習與社群感。

一、同步學習重知識共創

同步學習是多數人最熟悉的線上學習形式，方法類似於實體面授教學，差異僅在於從面對面的溝通轉以透過行動裝置作為媒介。網路同步技術並不新穎，無論是早些年代興起的廣播或電視教學形式，或是寬頻網路出現之後興盛的即時通、影音串流、線上聊天室、網路會議等，都是使用者雙方可同步收發資訊的方式。隨著網際網路通訊技術成熟，高度互動的同步影像會議、網路多人通話等線上工具快速進展，與此同時，類似電視教學的直播課，由教師單向在網上授課，允許少部分的觀看者文字互動，開始受到歡迎。

與非同步線上學習相比，同步學習有兩項優點，一是學生可以立即得到回饋，並能即時修正和加強所學，對於團體決策、腦力激盪、數據分析等重視即時獲得回饋的課程而言相當重要。二為虛擬課堂讓學生有必須出席和參與的動機與責任，增加學生與課程的互動、參與感與社交連結，讓學生能夠投注更多心力在其中。

也因為上述的優點，同步線上課程對許多在職學生來說是首選的

學習方式，不僅能夠彈性上課，同時可兼顧家庭與工作，還能夠選擇自己喜愛的學習環境，如家中臥室、咖啡店、圖書館等，免去交通往返的時間浪費。對於家中尚有幼兒的學生來說，能夠在上課時兼顧家務與照顧孩子更顯得格外重要。而且，線上課程通常明確的標記學習進度與需要完成的學習任務，學生能夠預先安排個人學習時間，避免因為突如其來的忙碌而發生學習落後的問題。另一個線上教學的特別之處，則是學生對於能夠在線上課程遇見來自其他國家的學生感到興奮，甚而提升學習興趣。

同步學習的好處雖然逐一被挖掘出來，但當中的部分優點可能也是暗藏缺點的雙面刃，需要加以克服。例如難以讓所有學生在同一時間上課、教師難以掌握大班級討論、學生缺乏思考時間等。另外，同步教學必須完整掌控「課表、時間、參加人員、班級人數、影音設備與空間」等條件，方能按表操課順利施教，因此師生要具備基本運用多媒體和即時排除電腦疑難排解的能力。就教師的角色來看，教師進行同步遠距教學的效果可以和其它教學形式一樣好，不過同步教師相對於面授或非同步教師來說，必須擁有更進階的本領及技術，換言之，對於新手教師來說是較為困難的。

而其他看似微小的技術問題也可能大大影響同步教學品質，一般而言，同步教學的線上教室至多允許一到三個成員同時說話，否則其他同學會因為過多話語干擾而難以聽清楚。部分有經驗的教師以輪流表達意見或要求學生「舉手」依次發言的方式來解決問題。較為進階的做法是將學生分成小組來維持討論品質，但這需要教師妥當安排教

學節奏，並在各組間來回巡邏、監控學生討論狀況才得以達成。同時，教師也必須妥善設計討論問題，因為在即時討論中，學生所能思考的時間相當有限；即使妥善規劃，師生在同步教室中不僅要聆聽同學或老師的發言，還要同時閱讀其他未發言同學的聊天文字、思考如何回應？要用打字回應或舉手發言？這些多工處理的認知負荷對教師來說可能比學生還要沉重，像是我們常見到母語非英語的學生在非同步論壇上表現活躍，言之有物，但在同步教室中卻顯得靜默，顯示出同步教室想提高互動需要更多配套措施。

二、非同步學習精準傳遞知識

一般來說，非同步線上學習的互動度較低，教學彈性大；反之，同步線上學習教學彈性較小，但能用小工具創造大量課堂互動，快速拉近師生距離，讓教室內沒有陌生人。

「函授」是非同步學習最早的形式：利用郵遞系統將教材寄送給學生，由學生自行運用時間學習，並透過信件往來的方式繳交作業、與老師交流。當代非同步學習則以網路上架設的數位學習平台作為師生聯繫與互動的園地，師生的學習活動參與極為自由，不論是學期長短、投入的時間、上網學習的地點、學習的負荷、學習的節奏乃至於參與時機，是所有線上學習類型中彈性最大的，也使得學習機會更為均等。

以國際學生為例，當教學語言並非母語時，非同步課程的學生只要願意花出更多時間瞭解上課內容，也能夠慎思明辨在討論區上言之成理，或繳交審慎完成的作業，實現有意義的課堂參與，若學生所在地點的網速不佳或不穩定，只要將教學影片跟字幕稿離線下載後，仍然可以學習；反觀同步線上情境要是遇到網速不穩的情形，該次的學習等同付諸流水。因此在相同的考量之下，非同步課程可以容納的學生量百倍大於同步線上課程，是重要的優勢。

雖然有些人認為，非同步課程的互動不足，是導致學生中輟的重要原因。不過，同步課程聊天的課堂互動、參與感與社交連結的機會，卻與學習內容不一定有直接關聯。根據統計顯示，多數學生雖然比較喜歡同步學習，但設計精良、符合認知傳播原理的教學影片也能讓學生獲得豐富的非同步學習成果，再加上非同步學習的彈性可能更適合廣納不同學習習慣的學子，學習成效也是傳統面授課程或同步線上課程所難以想像的，這也是非同步學習所能觸及學習者人數遠高於同步線上學習的主因，故在國外，專業人士的進修與學位學習多採取非同步線上課程。

對於教師而言，非同步教學需要在開課前做好所有準備，等到開課時，再經由系統功能或教師逐步帶領、指派學生適合的課程、學習內容與作業。隨著課程進行多次，教師於平台上的開課資料庫也能逐步累積，使教師從傳統講授轉向更專注於學習診斷和互動。這些特點皆是同步線上課程所無法達到的。

三、翻轉教室活化創新教學

學生在非同步線上學習中需要具備強而有力的自主學習驅動力，以及明確的目標與策略，才能持之以恆。相較之下，同步線上學習要求參與者即時互動與回應，適合短期高度專注、又有大量小組合作的學習任務，但學生也因此容易花費大量參與時間，學習彈性較低。因此大學教師也會考慮是否有介於同步與非同步二者之間的線上學習方式，或將實體授課結合線上學習。綜合兩種學習模式的精華，近年來以「翻轉教室」最為知名。

2007 年，在美國科羅拉多州林地公園高中任教化學的 Bergmann 與 Sams 為了缺課學生錄製教學影片，並放在網路上作為補救學習之

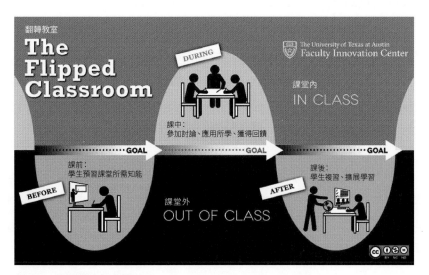

圖 4-1　翻轉教室的學習流程。© The University of Texas at Austin Faculty Innovation Center

用，有趣的是，未缺席的學生也上網觀看教學影片加強學習。自此，他們界定翻轉教室的基本型：將課堂講授改為在家完成，原本在家中完成的作業改以在課堂中進行。Bergmann 與 Sams 曾經提出「傳統」與「精熟」兩種型態的翻轉教室，傳統型先被採用，教師透過融入影片或講義，重視學生課前預習及課後複習；精熟型則是學生依照各自進度向上進步，主要強調精熟課中學習。

翻轉教室主張學生先在家認識基礎知識，而將寶貴的課堂時間留給同儕共學、高層次學習或解決較為困難的問題。學術界的後起之秀則從初始對翻轉教室的界定做出進一步的發展。翻轉學習網絡聯盟（Flipped Learning Network）針對課程設計提出 F-L-I-P 四大翻轉教室要素，分別為彈性的環境（F, flexible environment）、學習文化（L, learning culture）、有意圖的內容（I, intentional content）、專業的教師（P, professional educator）。黃國禎是國內最早歸納翻轉教室學術模型並建立理論架構的學者之一，他認為翻轉教室的優勢在於課堂中師生的互動及問題討論解決，教師更有機會了解學生的學習困難與學習風格。同時，學者 Cockrum 發現教師大多先從傳統翻轉型態開始，逐漸發展幾種做法，最終創造出屬於自己特色的翻轉教室。

由於科技教育實踐家 Salman Khan 在 2006 年所創立的免費線上教育平台可汗學院（Khan Academy），以及臺灣的均一教育平台，皆是以建置學習平台讓學生能夠在課前課後自學，教師可經由管理後台掌握學生能力與進度，成為大力促成實現翻轉教室的重要推手。

許多**翻轉教育**平台設計出激發學生學習興趣及動機的遊戲化機制，透過遊戲的元素促使學生在平台環境發揮創意及互動，例如徽章制度、任務地圖、技能樹、經驗值、升級制度、教練功能等都是常用的遊戲化設計。除了在平台添加遊戲元素，也有直接把學習平台設計為大型遊戲來促進課前跟課後學習的方式，如臺大電機系葉丙成教授帶領學生團隊創立的 PaGamO，即是採用領土攻占的對戰模式，鼓勵學生從練習題目中提升技能、獲得道具及擴充領土。在翻轉課堂中可見到教師大量運用即時回饋系統，如 Kahoot!、Quizizz、Quizlet、Nearpod、HiTeach 等適用於面授情境的軟體，或運用可非同步互動的 Google 表單、整合家長通知的 ClassDojo 工具等，優化課堂教學。

儘管「**翻轉教室**」一詞在近年備受討論，但整體而言，翻轉教室仍屬於混成學習中多種組合形式之一。混成學習是將傳統的面授與線上（含同步與非同步）學習之間，擇宜地組合數位科技強化學習，其教學關鍵不是科技，而是教師的教學設計。參考混成學習聯盟（Blended Learning Universe）的界定，混成學習有四種模式，分別是

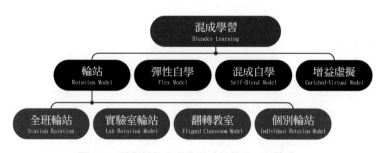

圖 4-2　將翻轉教室當作混成教學的一種策略。

輪站（rotation model）、彈性自學（flex model）、混成自學（a la carte）、增益虛擬（enriched-virtual model）。翻轉教室被視為混成學習中的輪站法之一，輪站法又分為四種方法，Station Rotation 指的是全班學生依序輪替，包括線上學習、面授、小組學習、個別指導及紙本作業；Lab Rotation 則是全班面授與實驗／實作課程輪替。如在線上環境做科學原理講解，在實體實驗室進行操作，或是在面授課程講解構圖技法，轉換到雲端環境共同創作；Individual Rotation 指學生根據自己的學習進度表，前往不同的輪站執行學習活動；Flipped Classroom 則是課前課後上線自學，到校課堂中與同儕和教師進行練習與專題。

四、聲音課程有潛力

近年興起的播客（Podcast）讓使用者可以自由訂閱、下載，甚至學習，播客與傳統廣播節目最大的區別就是可以在任何時間、地點收聽節目。臺灣較多人熟悉的教學 Podcast 多以英語教學為主，例如「空中英語教室」的英語廣播教材，分為影視與廣播兩種。華語也有相關廣播教材，如 Chinese Lesson、News in Chinese 以及展覽語音解說等形式，可見彈性的聲音課程能招來多元的學習者。不過，播客雖然發展至今數十年，但處於停滯不前的狀態，最大競爭對手就是 YouTube，但這幾年情況出現改變。2020 年 3 月至 4 月正值國外新冠肺炎嚴峻時期，大眾因為居家辦公大大降低工作的通勤時間，播客平

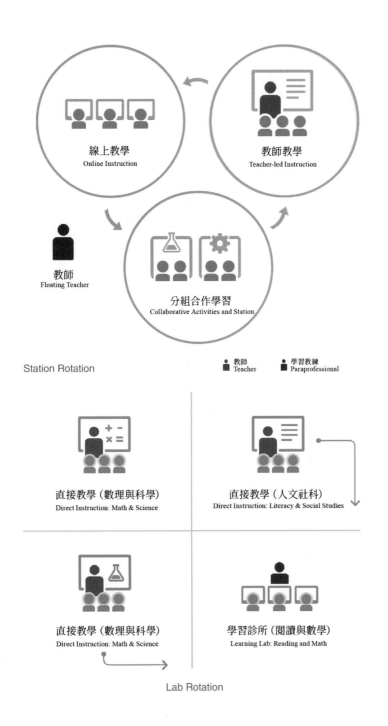

線上教學
Online Instruction

教師教學
Teacher-led Instruction

教師
Floating Teacher

分組合作學習
Collaborative Activities and Station

Station Rotation

教師
Teacher

學習教練
Paraprofessional

直接教學（數理與科學）
Direct Instruction: Math & Science

直接教學（人文社科）
Direct Instruction: Literacy & Social Studies

直接教學（數理與科學）
Direct Instruction: Math & Science

學習診所（閱讀與數學）
Learning Lab: Reading and Math

Lab Rotation

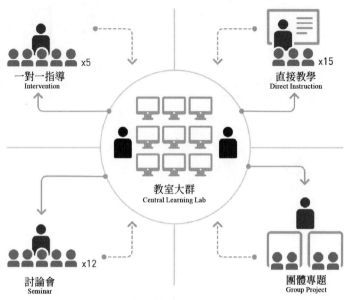

一對一指導
Intervention

直接教學
Direct Instruction

教室大群
Central Learning Lab

討論會
Seminar

團體專題
Group Project

Individual Rotation

學校：專題探究與實作
School: Pratice and Projects

家庭：線上學習教學
Home: Online Instruction and Content

Flipped Classroom

圖 4-3　混成學習的操作步驟示意圖。

台 Stitcher 的總收聽時間因此減少了 14%；不過到了 4 月中後，隨著人們逐漸習慣新的日常生活模式，播客使用率（即下載量）便漸漸回升。播客的新聞、專題報導以及與孩子家庭內容相關的節目大受歡迎。根據臺灣 Firstory 平台抽樣 600 檔最活躍的節目，其中 Apple 和 Spotify 兩者市占率高達 85%，其中 23 至 27 歲的使用者占了一半。更重要的是，與 2019 年相比，2020 年聽眾付費的意願提升了 400%，可以發現疫情改變了網路使用者的行為與喜好。YouTube 甚至必須推出 YouTube Music 產品來競爭這個新興的聽眾市場。

播客廣受好評的原因，在於聆聽好聲音能帶來更為舒適、輕鬆的情境，能緩和疫情期間緊繃的壓力；甚至「聲音不須占用消費者的處理容量，又可在注意力背景中作為訊息強化者」，使播客廣獲青睞。人們在忙碌生活中也能善用零碎時間學習，對於自我成長是一項很好的投資，且網路上許多短新聞、知識型頻道、聲音課程都能成為獲取知識的媒介。特別是聲音課程，僅透過聲音為媒介傳遞訊息的方式，能克服眼睛必須隨時看著螢幕、手拿行動裝置等限制，方便使用者在開車、通勤時或閉目養神的情況下輕鬆吸收知識。在本書第二章，我們以「學會學：學習之道」的課程說明好的線上課程在臺灣能夠擴散，在聲音課也是如此。「學會學：學習之道」自 2019 年到「天下創新學院」開設由企業付費的聲音課程。迄今已經有 27 萬人選修，近 9,000 人獲得證書。由此可以發現，「不必專心」的播客學習也是推廣線上教育的重要渠道。

圖 4-4　天下創新學院的「學習之道」聲音課程介紹。© 天下創新學院

五、觸發自主學習與社群學習

數位學習的便利性與彈性並提供學生個別化自我學習的機會，是傳統實體教學所無法達成的，但儘管數位學習有諸多優點，學生透過線上環境學習仍然有許多困難需要克服，例如學生在脫離「有教師的教室」情境後，不知如何自學；以及學生在螢幕後學習容易產生孤獨感，可能會影響學習成效。所以根據觀察，有能力自主學習的學生，往往因為可以規劃、管理與控制個人學習狀況，在指導與支持頻率較弱的學習環境中，能夠展現更好的學習表現。

然而，自主學習能力絕非一蹴可幾，研究證明自主學習能力能夠經由後天養成。自主學習並非一個標準化框架，而是學生螺旋式地逐步培養各種學習動機、態度習慣、認知技巧、深層思維等條件，漸漸加強學生在學習上的準備、表現、省思活動的動機，以及習慣與自我監控，提高自主學習能力。

以陽明交大在高教深耕計畫下所支持進行的兩個自主學習教學實驗為例，正好反映出自主學習中「自主學習成果」以及「自主學習歷程」的兩種不同取向。教學實驗之一的「百川學士學位學程」每年招收 30 名非體制內的學生，入學不看學測成績，而是挑選能展現傑出表現、具備自我探索與跨域潛能的學生；入學後，百川生可自由修習全校各學院專業課程，組織個人畢業學分，也就是專業養成全由學生自行決定，這套教育模式主張學習興趣、學習內容、學習成果的自主。而理學院「科學學士班自主愛學習計畫」則是鼓勵 STEM（Science 科學、Technology 科技、Engineering 工程、Mathematics 數學）學生。在科學學士學程所搭建的跨領域科學學習（物理、化學、數學等）架構中，跨出理工科系教學模式，經由更全面的非同步線上課程制度，打開學生在學習歷程、學習進展、學習路徑與學習監控的自主。

除了自主學習能力的養成，線上情境若能賦予成員社群感，也會對學習帶來很大的支持。人們參與社群並進行社交互動、訊息交換、知識分享等，這些逐漸形成的社群，若內含促進成員學習成長的功能，則可稱為學習社群，用以說明高等教育環境中需要發展線上社群，可創造深度並有意義的學習經驗。

4.2 善用教育大數據

　　學生下課後的學習狀況對學習成效影響極大，但因課後學習活動屬於個人私領域的一部分，因此學習歷程不易全盤追蹤，只能間接地從課堂觀察、調查或測驗評量中，推測學習成果的前後改變，是否能歸功於特定的學習活動。所幸數位學習蓬勃發展，即使教師在虛擬課室無法透過面對面接觸認識學生，但學習平台所累積的數據仍可鉅細靡遺地記錄遠距學生學習軌跡，讓教師能一窺學習歷程的細節。

一、學習行為探勘

　　乘著大數據的潮流，教育界也導入資料科學，輔助教育工作者得以更有效幫助評估和提升學習者的學習表現。不論是傳統學習、線上學習平台、教室環境，教學軟體，或是近年新興科技如腦波、眼動、智慧手錶等儀器，都能記錄學習者生理訊號並進行分析。大量資料與數據讓教育研究者可透過資料探勘和機器學習中取經，並進一步分析。過往分析方法多為理論驅動，依靠理論基礎分析學習者模式，但在大數據及新興科技的推動之下，未來對學習者的學習行為分析，更加走向數據驅動方法，不必仰賴過去認識學習者的框架，讓資料直接說明學生的學習狀況及方法。研究人員匯出使用者在學習歷程中真實產生的數據軌跡，並以資料探勘和機器學習等方法建構預測模型，找

出潛在數據結構。例如使用資料探勘技術預測磨課師學生的輟學率，發現預測輟學率的有效新指標。從教育大數據與其他大數據的組合也可以發現共變關係，例如以 ewant 育網平台的某課程討論資料，我們發現疫情期間的重大新聞或新政策發布會立即刺激討論區的活躍，但若是再次出現同類型的報導（如：第二次單日確診數超過千人），刺激討論區的效果隨之遞減。

二、個別化適性線上學習

　　探勘學習行為能巨觀地獲取隱藏在大型雜亂資料中的集體行為模式，也可以微觀地追蹤學生個體在學習歷程中的大數據，經過與相似特質的使用者比對，機器將能依照數據提供建議。舉例來說，學校存有畢業學長姐的選課系統數據，輔以畢業生流向調查與薪資水準的結果資料後，便能夠以大數據為基礎，替在校生提供選課推薦。只要使用者在系統中取出個人學習紀錄，以及未來學習或就業發展指標，系統便可以根據過去成功的學長姐經驗等鄰近性指標，運算出學習者路徑。此外，數據分析也可針對使用者任何一門課程的學習歷程，提供適性個別化學習建議；例如，採用非同步線上課程的學生經常忘記學習進度，平台可以追蹤學習者軌跡，儘早標出成績可能無法通過的「危險」學生，並提供必要的學習資源或輔導老師。

三、資料視覺化與學習儀表板

現今的學習平台多會自動蒐集使用者學習軌跡，並且允許授課教師或管理者檢視平台上的課程後台數據。然而，若只顯示後台數據，教師不但難以掌握、評估每一位學生的學習狀況，更需耗費大量時間理解數據背後的意義，如此不完善的功能讓教師望之卻步。作者認為，這是因為系統設計最初並未了解教師的需求，造成報表設計脫離教學現場所需。儀表板的數據需要以更快速能掌握與易讀的方式，讓授課教師、學習教練、乃至於教務處的教學設計師透過儀表板快速掌握學生的學習狀況，增加師生間的溝通與互動，提供學生建議與協助，進而提升學生學習成效。同時，行政單位（如教務處、諮商中心等）也可透過系統平台，先一步瞭解學生可能的學習狀態，使輔導策略更有效率。

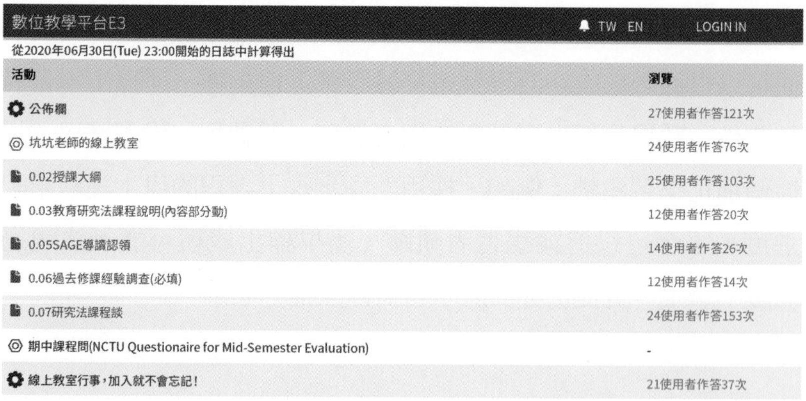

活動	瀏覽
公佈欄	27使用者作答121次
坑坑老師的線上教室	24使用者作答76次
0.02授課大綱	25使用者作答103次
0.03教育研究法課程說明(內容部分動)	12使用者作答20次
0.05SAGE導讀認領	14使用者作答26次
0.06過去修課經驗調查(必填)	12使用者作答14次
0.07研究法課程談	24使用者作答153次
期中課程問(NCTU Questionaire for Mid-Semester Evaluation)	-
線上教室行事，加入就不會忘記！	21使用者作答37次

圖 4-5 學習平台提供了使用者數據，但報表設計脫離教學現場所需，因此幫助不大。

幫助追蹤、分析和顯示學習平台數據、資料的工具又稱作「學習儀表板」。學習儀表板可呈現描述性頁面與預測性頁面兩種形式，描述性頁面強調反映出即時現狀，包括以圓形圖表與百分比顯示學生的影片觀看進度與完成狀況、完成哪些作業或隨堂功課、成績顯示，可提供整體學生甚至同門課程不同學年的修課學生資訊及平均數據，幫助教師判斷輔導學生整體學習狀況；預測頁面則可提供例如推測學生未來學期成績、表現等實用性的輔導資訊，幫助教師提前針對指導學生訂定教學輔導方式。預測性頁面運用了學習分析與教育資料探勘的研究成果，根據即時數據預測學生表現，並且搭配自然語言處理引擎，依照數據分析的解讀提供師生教學建議。經由學生的學習與作答數據，教師可以得知每位學生最有效率的學習時段。有趣的是，學生可能會驚訝原來自己在學習上能夠花費最少時間並學到最多內容的時段，未必是多數人以為的清晨或白天。

此外，除了學習平台可以根據學生活動紀錄提供師生學習建議，一般商務分析（business analytics）所使用的推薦系統，也可用於大學情境中學生的選課推薦或是轉系所輔導。根據學習成效研究而製作的自我診斷系統，學生可以在提供個人學習習慣後，即時獲得客製化學習策略建議。例如陽明交大理學院為了讓學生能夠自我評估所具備的學習技巧與習慣是否適合大學的學術學習環境，將史丹佛大學教學發展中心所開發並授權的「學術技巧自評表」（Academic Skill Inventory 4.0，簡稱 ASI，詳細資訊可見 Stanford Student Learning Program 網站）加以轉化並譯為適合學生所使用的版本，運用在「自

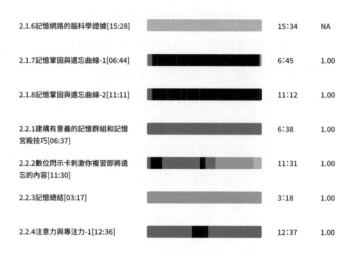

2.1.6記憶網路的腦科學證據[15:28]		15:34	NA
2.1.7記憶鞏固與遺忘曲線-1[06:44]		6:45	1.00
2.1.8記憶鞏固與遺忘曲線-2[11:11]		11:12	1.00
2.2.1建構有意義的記憶群組和記憶宮殿技巧[06:37]		6:38	1.00
2.2.2數位閃示卡刺激你複習即將遺忘的內容[11:30]		11:31	1.00
2.2.3記憶總結[03:17]		3:18	1.00
2.2.4注意力與專注力-1[12:36]		12:37	1.00

圖 4-6　學習平台以顏色標籤顯示學生重複觀看教學影片的段落，幫助教師了解學生尚不熟悉哪些授課內容。

圖 4-7　學習平台根據學生的活動紀錄，能估算出一天當中學習效率最好的時段。

主愛學習」計畫。透過學生自主受測，幫助他們瞭解個人學習策略及高中以前學習習慣的優缺點。ASI適合作為入學開始的活動之一，學生不但能先獲得基本的學習方法建議，教師也能深入瞭解學生特質與需要，問卷資料還能作為未來研究的學生學習行為基線。

學生填寫完線上問答後，系統便會判斷學生所作答的學習態度與行為，給予即時回饋及適合的建議。ASI會根據學生的目標設定、時間管理方式、課堂學習狀況、做筆記的形式、心理特質等問題來瞭解學生概況，再提供最適合學生的學習建議與校園資源。學生可以先選擇此次想要診斷的類別，例如閱讀與作筆記的方式，並依照1至6分程度自評個人學習習慣，系統則根據學生回答給出相關建議。以圖4-8為例，因為該學生在圖中表示並未建立預習習慣，系統便會說明該習慣的重要性，以及可以如何養成習慣。陽明交大的ASI 4.0同時

圖4-8　ASI 4.0交大版：系統提供學生診斷性學習建議。

彙整校內的學習資源（如開放式課程、語言中心寫作服務、圖書館新生服務、諮商中心等），編排於合適的學習建議裡，提醒學生多加利用這些較少注意到、但對學習有助益的資源。

4.3 推動高效線上課程開發

高品質的線上教育端賴具備科技應用能力的教師。根據德國對師資培育與教師效能的疫情後調查發現，教師的科技應用能力以及在師培階段學到相關課程的機會，對教師在封城期間能否適應線上教學有決定性的影響。然而，大眾在疫情前對於教師線上教學準備程度的想像，大多停留在「能依照事前有規劃的構想備妥數位課程」，但是上述觀點缺乏考量教師面臨危機的應變能力，以及在各種突發狀況中的情緒韌性。

為了培育教師在面對各種突發狀況都能冷靜擔起教學重責大任的能力，加拿大官方建議書便提出，一旦疫情逐漸恢復到可控程度，便要從最基本的數位教學開始，讓所有教師都能具備基礎的遠距教學知能，實現「先有混成的彈性，就能支援遠距的彈性」，未來再遇變種病毒或其他不可抗之因素，學校系統才能快速因應。與此同時，政府也需要提供建置穩固線上學習生態的資源，官學共同努力之下，才能建構出完善的線上學習環境。展望已發展國家高等院校的數位課程發展模式主要分為「產製模式」與「作坊模式」兩種，做法各異其趣。

一、強調產能與品管的「產製模式」

產製模式（production model）顧名思義就是按照固定的開發標準步驟規劃及建置課程。採取這類模式的大學，學校高層對數位學習通常有高度的拓展企圖，擬於短期間將校內具競爭力的課程數位化，以建立商模，進而大量營利。為了產能考慮，產製模式需要將數位課程的製作階段高度分工，聘請測驗編製團隊、多媒體工程師、學習經驗設計師、課程規劃師、平台工程師等專業人員，在專案管理師的協調下，根據標準作業流程與學科教師合作。此時教師的角色專注於確保知識的權威與正確性，並且擔任講者（subject matter expert, SME），其餘課程的後製、教學內容編排、甚至課程經營，則完全交由數位課程生產線團隊處理。

產製模式的優點在於期程穩定、快速，同一學校的數位課程能達齊一水準，對創建學校一致的對外形象很有幫助。此外，過去攝影設備、後製軟體昂貴，製作教學影片難以由教師一人獨力完成，在採用產製模式由專業團隊提供協助後，能有效快速地建置有品質的數位學習品牌。因此，部分與大型磨課師平台合作的歐美大學會採取此一做法。產製模式專業人員分工明確，在大學校園當中專業形象較強。

不過，產製模式的缺點在於：標準化的產製追求效率，反而不易因課制宜、教師的話語權較少；教師也容易認為學校大量產製數位課程，搶走面授學生，是否意味著即將裁撤教師，成為學校不穩定的因素。例如部分資源較為豐富的美國東岸大學，為了加快數位課程製作

效率，直接在數位教學中心聘用寫作、數學等基礎課程的學科教師，而不再另請系所提供師資。雖然自聘的學科教師配合度高，但數位教學中心也因此與系所的關係日漸疏離、中心自聘的學科教師不受系所認同、教師群體認為推動數位教學只是行政事務，是求快之餘所產生的副作用。不過以臺灣的高教現場而言，或許能夠藉由政府的補助計畫，在一定期間之內建立有規模的產製團隊，但考慮到臺灣的數位學習市場胃納量有限，若補助計畫結束，維持人員就可能成為大學預算的沉重負擔；若因為經費不足而解散團隊，又是大學的人才損失。

二、主張教師數位專業成長的「作坊模式」

作坊模式（craft model）主張大學教師應該成為自己的教學設計師。此派人士相信，隨著數位教學成為教育界的日常，教師本就應將資訊、科技運用融入教學知能的一部分。質言之：每位 21 世紀的教師都是數位教師，所有的教學都是數位融入教學。然而，即便隨著教育科技進展迅速，學習門檻降低，或許不少年輕新進教師具有不錯的數位教學能力，但大部分教師仍需透過再次學習，才能跟上教育科技的趨勢，因此作坊模式藉由配對具數位教學知能的教學設計師，與擬開設線上課程的學科教師合作開發課程，並同時開設專題工作坊，就能培訓教師的線上教學知能。除此之外，因為教學設計師與教師有綿密的課程開發和協商合作，課程成品更能因地制宜，也是作坊模式的一大特色。從工作坊與配對協作中「畢業」的教師，未來僅需要些許

支持便可獨立教學，甚至「大手牽小手」帶領新進教師。因此，透過作坊模式，大學可逐步培養熟悉線上教學的教師隊伍。

不過作坊模式較為耗時，特別是開發數位課程需要系所教師的接納與合作，因此系所對數位課程的善意支持、參與教師的毅力，以及教師是否有開放學習的心態皆是關鍵，而且學校所聘用的數位教學人員最好是通才的教學設計師，才能應付教師們一對一諮詢的需要。此外，作坊模式也常遭受產製模式支持者的質疑，其關鍵在於若大學教師在作坊模式下能夠成為自己的教學設計師，那麼最後就會讓學校推

表 4-1　產製模式與作坊模式的比較

	產製模式	作坊模式
製作目標	快速且品質一致的課程	高品質但個別化較高的課程
課程製作團隊	分設系統、多媒體、動畫師、學習經驗設計師、專案管理師等專才，職系分工明確。	以通才的教學設計師為主，與教師合作時，依照教師需求分飾多角。
教師角色	領域學科專家	能自主開發數位課程的線上教師
數位教學中心職能	面向市場的數位教育推廣部門	提供數位課程之餘，輔助大學教師的教學專業發展。
與教師合作關係	由專案管理師協調，根據課程開發生產線進度，教師在各階段與不同的成員合作，關係較為疏離。	教師開發課程時，主要與單一教學設計師合作，從目標設定到課程完成，以一對一的同儕支持方式進行，關係緊密。
數位課程生產速度	較快	較慢
永續關鍵	高層資源對數位教學中心的穩定投資	大學教師對數位教學的認同與支持

動數位教學的單位關門大吉？這個擔心其實有些多餘，因為如果能培養出熟悉數位教學的資深教師，這些教師們就是「數位校園大使」，能以自身的成功案例說服他人支持推動數位教學，甚而起而制訂推動數位教學的辦法和機制，達到校園中真正的數位轉型。

三、作坊為主、產製為輔，厚植高教線上教學能量

儘管這些年因為科技與技術的進步，大大加速了線上教育的發展，但其實早在 2005 年美國就已在大學院校推展線上教育，各式各樣的線上課程不但成為眾多公私立大學重要的財務來源，甚至「全線上」大學如鳳凰城大學、卡佩拉大學（Capella University）或美西州長大學都已運營多時。因此，磨課師在 2012 到 2013 年蓬勃興起，除了科技推波助瀾之外，也因初期參與供課的大學院校，已有不少熟悉線上教學、且大受學生歡迎的教師，同時，學校的教學發展中心也有線上教學的專人支援。大學鼓勵這些熟稔線上教學的教師在 Coursera、edx、Udacity 等平台開放課程，更因此成為學校招牌。線上教育的成功並非偶然，而是水到渠成。

再次強調，一個成功的線上課程可以缺少精良的後製設備、技術高超的動畫師、專業的攝影棚，但熟悉線上教學且學有專精的教師是絕對是不可或缺的。曾被評選為 Cousera 最受歡迎課程的講者 Barbara Oakley，其膾炙人口的課程「學會如何學習」（Learning how to learn）就是在家中地下室以二手綠幕搭設攝影棚所拍攝製作而成。因

此，推動作坊模式的速度看似緩慢，但對提升大學教師整體教學知能的影響深遠，理想上是全國大學院校值得採行的做法。不過，考慮到產製模式能夠培養更為專精的課程製作人員，且大學在推廣重大課程時經常有時效的急迫性，例如開設跨國跨校的學位課程、因應政府需求開設遠距專班等，難以僅靠校內教師來達成目標。因此，大學可以維持數位教學中心小規模的專業量能，一方面由擔任作坊模式的教師以數位增能培訓者，擴大教師持續開發高品質線上課程的意願，也能在課程需要時機動地提高產能。此時已經深入瞭解何謂線上教學的教師，更能在回歸學科專家角色的同時，有效地與校方推動數位教學的單位合作，達成學校目標。

4.4 發展更彈性的學分制度

多元的線上學習模式、良善的線上課程製作模式以及線上教學平台對學生的學習表現分析結果，都能促使線上課程朝向更高品質的方向發展。基於以上基礎，就能運用線上課程將學習單元以小積木的方式排列、重組、部分更新、切換等模組化特質活化校內課程結構，例如發展微學分制度、跨國學分認證等。對校內，好的課程能讓大學的教學內容與學生學習方式變得更有彈性；對校外，能夠更方便地達到教育資源共享，以及與跨校、跨國學生的交流。

一、校內課程框架的共融

非同步線上課程對模組化設計有一定要求，條件在於一門課程不但要能保持完整的科目內容，同時也得確保每個單元整體性。單元模組化能夠拆解又組合的自由特質，使得教師在開設同樣學分的情況下，修課學生有機會修得 1.5 學分、2.5 學分、0.5 學分等不同學分數的可能性大大提升（此為臺大最低的學分計算單位）。

這一類的微學分制度主打通識課程或專業知識的通識化，在清大、逢甲、北護、屏大等大學快速發展。不過，少數大學逕以聽一場兩小時演講即可獲得 0.1 學分的便宜行事，使得微學分的美意不但大打折扣，還引致「破壞學習整體性」的批評。這樣的弊病，可以透過「由線上課程實現微學分」的做法來避免，且能維持課程的專業性。因為線上課程仍是一門正課，學生必須在歷程當中展現自己的學習成果，證明自己有足夠的程度獲取應得的學分。而線上課程在每個單元中會有其對應的評量活動，能夠確保微學分的考評機制不至於淪為簽到式的形式考評。這樣的微學分，才是鼓勵學生組織跨領域專業。

此外，線上課程亦可以解決大學供課瓶頸的問題。雖然大學各學院都有不同系別，但是一年級的共同科目卻是學院內、甚或跨院共通必修的課程，例如邏輯、英文、微積分、線性代數、工程數學、普通物理、普通化學等。而其他進階課程通常設有擋修機制，學生若未修完，便無法修讀專業課程，影響畢業年限。因此，這類必修課程與通識課又被稱作「瓶頸課程」，若不好好處理，便會造成學生延畢、學

校聲譽不佳等負面影響。

大多數學校的因應做法是採取百人大班制的課堂授課，卻導致學習品質低落、大教室空間難尋、教師負擔嚴重等諸多問題；而且大量聘請基礎科目教師，可能也不一定符合大學校院的研究發展方向，更甚者，要求學有專精的教師不教自己鑽研的專精領域卻要分攤基礎科目，對學生而言也是嚴重的浪費受教資源。

此時可以採取的做法是，主授教師搭配數名助教來開授線上課程，俾以提供學生更大的修課彈性。以作者曾服務的一所大學為例，護理學院原先需要四位教師開設六個班級的大一醫學名詞必修課程，但課程線上化之後，僅需要一位教師負責任教；線上學生的表現也並不落後於過去採用實體課的班級學生。不僅如此，學生因選不到課而延畢的問題也獲得解決，原先必須配課的其他教師，更能夠專注在研究或實習護理師的臨床指導上，足見線上課程具備多方獲利的潛力。

除此之外，以正式學分開授線上課程還有其他優點。當今社會面臨少子化的趨勢，「大學生源」開始成為學校永續經營的挑戰之一，再加上臺灣移民簽證制度嚴格，以及近年來為了防堵疫情採取更嚴格的國境管理，要在國際留學生市場中與其他歐美國家競爭，難度頗高。不過，各大學若能透過全線上的學分、學位課程制度吸引遠距國際生就讀，特別是能說中文的東南亞學生，應該可以在競爭激烈的留學生市場中搶占一席之地。線上學習是打開臺灣高等教育國際化的關鍵鑰匙，即使不打算招收國際學生，校內的全線上學分課程，仍能持

續提供學生選課與時間安排的便利，更是疫情下的二軌應急方案，在封城之際實現真正的停課不停學。以陽明交大的「自主愛學習」學程為例，在三級警戒期間，課程就開放給台聯大系統的中央、政大等校學生選修，產生校際互助的效益。

二、國內校院間及跨國校院間的學分採認

根據 2021 年國發會統計，臺灣總共有 152 所大學，但大部分皆為中小型學校，師生數達到兩萬人以上的僅有臺大、高科、輔大、文大、淡江、成大、逢甲以及陽明交大。師生規模較小的院系學科涵蓋不夠廣，便可能遭逢教育資源多元性不夠、不易符合學生需求等問題。臺灣高教資源確實不足，應該重新思考透過網路與成熟的數位教學，以「共享教育」為核心概念，一方面打造品質優良的磨課師課程並分享給資源不足的學校，另一方面藉由優秀的磨課師課程，使臺灣也能在世界高等知識領域中擔任教育內容提供者。若臺灣高等院校所開設的一般課程或是全英語課程，能在華語國家、甚至大型國際平台受到學分認證，將比競逐大學排名，更能因為「向全世界招收學生」，打開全球的能見度。

線上課程透明度高，適合優先推動校院學分採認措施。因此，我們也要思考臺灣教育行政主管機關和大學院校，是否應該擴大採認經得起品質驗證的全線上學分課程，甚至是全線上學位學程；以及大學院校在少子化的衝擊下，應該考慮用線上教學策略來爭取生存機會。

以 ewant 育網平台自 2019 年推行的「SOS！暑期線上學院」（以下簡稱 SOS 課程）為例，陽明交通大學以草根行動，與數十所大學逐一洽談，鼓勵各大學為全國學子提供、分享好課程，也勉勵大學根據校院需要，採認可提供給該校學生選修的課程。SOS 課程建構在高等教育界逐漸形成的共識上，完全不靠政府之力，自 2019 至 2022 年度，超過 8,000 名大學生或準大一生受惠，課程通過率為 85%。照比例換算，則有超過 6,800 名學生在暑假期間，不必在校，也能加速朝畢業邁進。線上課程，不需改變大學的學期制傳統，卻能具體支持教育部大學彈性學期的目標。

SOS 課程的修課學生除大學生外，也包括高三畢業生以及尚未入學的大學新鮮人。學生可以在大一開學之前，先透過 SOS 課程提前適應大學教育。國內有不少小型院校的發展與資源距離學科完整的綜合大學尚有段距離，若要靠一己之力提供學生豐富的學習資源確實辛苦，因此若採認線上課程的學分，既可以實現資源共享，也可以鼓勵大學集中心力，開發與推出具有院校特色的線上課程。

不過，導入線上教育資源不需要等待加入 SOS 課程聯盟，不少開放教育平台上也有開設許多品質優良、叫好又叫座的課程。目前國內有部分大學採取微學分認證方式，允許學生以開放教育平台課程中的證書申請認列，依修課時間比例來認抵學分，例如課程共有 9 小時，則採認 0.5 學分，也是鼓勵學生拓展多元學習的好管道。

再更進一步，校院可以考慮跨國學分採認，如此一來，透過學生

國際化的教育經驗，能運用英文學習學科，乃至於落實國內長期推動的雙語國家政策，有相輔相成的效果。校院也可與跨國平台 edX 或 FutureLearn 合作，考慮從「用課」轉化為「供課」單位，拓展校院的影響力。

三、全面線上的「自主愛學習」

近二十年來，臺灣高等教育人才培養體制不再僅限於由單一科系培養專才。雖然近年的政策已有些鬆動（如學院可招學生、大一大二不分系等），但原則上仍以系所或學科為主體作為授課的根基：學生隸屬於某個專業系所科組，要修畢系上指定的必、選修科目，以及校

圖 4-9 Class Central 鼓勵群眾評價全球的磨課師平台與課程，並發表年度報告。

方提供的通識課程，並在規範學年期間，以全時學生身分完成學士教育。如此人才培育的穩固性，也展現在大學教育各方面，例如以 18 周為單位的學期制、18 學時換算為 1 學分的基準、每一門實體課原則上應該每週都要面授、要求學生每學期修習 6 至 10 門科目等。

然而，這樣拘謹的制度造成大學畢業生不但同質性高，學生選課與上課的心態也淪為消極地避免衝堂、在被當之前退選課程、在期中與期末考週惡補以應付考試、和同學輪流出席分配共筆，到大三、大四時，再踴躍地報名研究所補習班的「共業」。上述現象持續許久，究其原因，極有可能是因為現行大學並未慎重思考賦予大學生主導自身學習路徑的自由。然而，當今社會愈來愈需要「具備專家洞察力的跨領域通才」，方能迎接未來不斷變動的挑戰時，臺灣現行大學的教學方式若未能因應世界趨勢做出改變，終將背離世界趨勢，難以勝任培育人才的使命。

2017 年初，一群陽明交大理學院教授有感於科技與網路飛快進步，正在改變人們生活形態；社會變遷快速，對於人才的需求也大幅改變，遂思考現今大學的教學方式若能打破束縛，提供全新的學程規劃並賦予學習彈性，善用數位科技不限時地、無遠弗屆的特性，或許才能將學習主權真正地還給大學生。而線上學習彈性、多元的設計並不限於微學分而已，學生還能擁有隨時選課、學習、測驗、結課等自主權，可自行決定課程進度與速度。這些看似打破傳統學期制度的可能性，核心關鍵在於支持學生學習歷程的自主。

這些彈性化的構想，在線上課程中更有機會實現。例如：大學生能自行決定修課期程、規劃個人專屬修業歷程，或選擇每個月集中專心學好一門課程，不用在 18 週內同時學習不同課程，甚至評估自己學習狀況已達目標，就能夠參加學分檢定，不必等到期末或某個固定時程才可應試。透過科技，線上教育能幫助高等教育理想中的「因材施教」，進一步以「適性自學」的方式落實。這些嶄新的想法，正在改變受到 20 世紀強調標準、大量、生產線模式的福特主義所影響的高等教育，改為善用數位學習優點，開啟大學學習的創新可能。

陽明交大理學院科學學士學位學程（簡稱理學院學士班）響應教育部「大學跨學門科學人才培育銜接計畫」，自 97 學年度開始培養跨領域學習的學子，學生修業完成可獲得理學院科學學士學位學程學位及一門主修學系（電子物理系、應用數學系或應用化學系）的雙學士學位。理學院教師體認到基礎科學如物理、化學、數學與生物學科之間的傳統界線逐漸模糊，故鼓勵學生修習跨領域課程，且不限於單一科系，以提升個人未來競爭力。執行約二十年後，理學院教師肯定該班培育科學人才的成效，也積極重新評估原本設定的「嶄新學習模式為基本構想，提供一個跳脫傳統框架的新平台，並以培養具世界觀的跨領域基礎與應用人才」目標。因此從 2017 年起啟動一連串系統性教學變革，稱為「自主愛學習」（SAIL）計畫，思考如何透過 SAIL 的實驗，讓學士班有進一步革新躍遷的機會。

SAIL 計畫強調在科學學士學程涵蓋的跨領域學習架構中，鼓勵 STEM 學生跨出單一理工科系學習，其主要目標是希望在執行高教深

耕計畫的五年期間，於理學院建立一套能夠讓學生高度自主規劃學習路徑的方法及制度，打破過去百年來受限於傳統教學方法的線性式學期及學制框架，並藉由這項更適性化及彈性化的學習設計，培養學生獨立思考的能力，進而提高其學習效能。經由 SAIL 規劃的線上課程模組化設計、彈性安排的學期、建置測驗題庫、診斷自主學習以及提供學習教練等系統支援，進一步提供科學學士班學生學習歷程、學習進展、學習路徑與學習監控的自主性。簡言之，學士班學生經由選修線上課程，可自由決定何時選課、何時開始學習、學習速度，並可重複學習、自主選擇測驗，並有多次評量機會。

為輔導學生逐步具備自主學習知能，SAIL 也提供學習教練制度。從決定學習計畫表、師生晤談，到兩周一次的團體小活動，例如舉辦蕃茄鐘工作法練習，為學生提供必要的諮詢。SAIL 的學程目標正是希望建造一個以學生為主軸、以自主學習為能力、深化學生跨領域知能、搭配適性學習成效檢核，且期待每位學生都能學習成功的科學教育教學試驗。長期而言，可作為其他大學院校參考的對象。

4.5 建立專業支援組織與架構

疫情期間，大量的線上學習需求促使教育機構重新審視數位教學團隊的重要性。若平時有系統地發展教師的數位教學設計能力，像是提供線上教學培訓課程與教學設計而，當師生因天災、疫情、攻擊等

緊急狀況而須居家學習時，學校才有因應能力，進而發揮專業技能支持並協助教師們在有限的精力與時間內，以最精簡的調整，推出全面線上教學。

一、大學數位教學三大運行機構

　　大學的教學發展單位視校院規模與發展歷史可能採取分立或共同設置，但大致上可依照主要職能略分為三種：掌管傳統課室教學的教學發展中心（center for teaching and learning excellence）、主管開放課程與延伸教育的進修教育中心（center for extended studies，或稱推廣教育中心），與負責線上教育的數位校園中心（e-campus 或 global campus，或稱教學資源中心（組）、數位內容製作中心等）。或是依照服務對象而設有不同負責單位，分為對正規學制師生提供服務的數位科技服務機構、掌管在職人士業務的進修推廣部，以及其內部所轄的教育科技單位等。

　　以陽明交大為例，負責將教學融入數位科技的行政單位有：自2006 年主持開放式課程的教務處教學資源組（原數位內容製作中心、開放教育推動中心）、教學發展中心、推廣教育中心，以及校級的高等教育開放資源研究中心。雖然各部門各有職司，然而疫情之後，面授學習與線上學習皆朝向融合混成的型態，一直以來以輔助實體教學為職責的教學發展中心也需要為傳統教師的上網教學需求提供服務。而教學資源組所服務的線上教師，往往也是系所正式編制的專任教

師，想要把所製作的數位資源導入實體班級運用，也需要進一步提供教師更多協作和資源。但無論如何，以校級為單位，提供大學教師具自主運行平台的能量、多功能教學支援等服務，應當是未來大學院校的重要發展方向。

二、數位教學的專業分工

隨著教學支援機構的整合與任務分化，機構內的人員也逐漸專業分工。早期，數位教學支援單位可能僅需要教學設計師或數位課程規劃師，同時基於數位教學業務需要技術性指導而開設相關職缺，例如陽明交大高等教育開放資源研究中心設有數位媒體設計師及資訊工程師，但近年來隨著支援機構的任務增長，在組織成長時也可以見到不同數位教學專業職位的變化。

伊利諾大學香檳分校季斯商學院（Gies College of Business, University of Illinois）的線上教育部門是很好的案例，其數位教學人員的分工可說是相當細密。除了原有的教學設計師（instructional designer, ID）之外，還設有掌管學習分析的研究與資料分析師（data and research analyst）、確保身心障礙學生能確實使用數位課程的教材可近用協調員（accessibility coordinator）、學習經驗設計師（learning experience designer, LX）、同步線上課程跟課的技術助教（technology assistant）、協助製作非同步課程的課程助教（course assistant）等，可以看見數位教學職系逐漸專業化的趨勢（圖 4-10）。

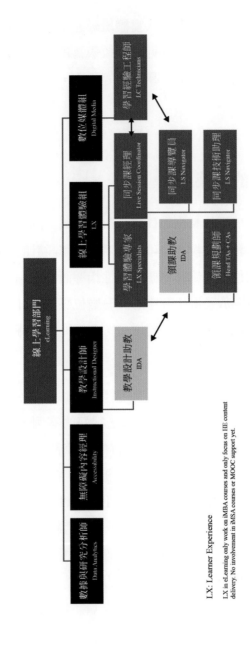

LX: Learner Experience

LX in eLearning only work on iMBA courses and only focus on HE content delivery. No involvement in iMSA courses or MOOC support yet.

圖 4-10 美國伊利諾大學香檳分校季斯商學斯商學院線上學習部門的組織表。

若以校級推動數位學習的單位來看，可能會看到更精細、且注意到數位法務與數位學習政策方面的職務，例如美國樹城州立大學（Boise State University）數位校園中心設有著作權與可近用經理（Copyright and Accessibility Team Manager）、服務教師的教師專業發展協調員（Faculty Support/Development Coordinator）、協助系所規劃課程與精算收益的線上學程開發經理（Program Planning and Operations Manager）、處理跨州學分學位證書評鑑及採認的法務經理（Regulatory Affairs Manager），以及追蹤並確保線上學生成功完成學業的客戶關係分析師（Research & Retention Analyst）。上述的發展一方面顯示線上學習產業的專業分工在國外已臻成熟，另一方面也說明其商業模式能支持日漸擴張且專業化的任務需求。

三、產學雙方聯合培育數位人才

1985 年，臺灣師範大學成立資訊教育系，是全國最早的資訊教育與數位學習學術單位，為中小學的電腦科、電子計算機概論、資訊科技概論等課程的推動與師資培養奠定基礎。在師範體系之外，面向非校園教育型態的數位學習系所，則首推成立於 1971 年，培養眾多活躍學、業界人才的淡江大學教育科技系。不過，數位學習人才培育逐漸擴大，則要等到 2002 年數位國家型科技計畫正式推動，隨著數位學習科技學系、教育與學習科技學系、網路學習科技研究所、數位學習設計與管理學系等數位學習與網路學習相關系所先後設立，國內

數位學習學、碩、博士人才得以逐漸完整。

不過從國外相關系所的培育狀況來看，當地學生在學期間的實作機會相較本國學生高。美國印第安那大學以培養教學設計師聞名，以其教學系統科技學系碩士班為例，該系碩士生除了在學期間就能以教學助理的身分參與學校的數位課程製作與跟課教學，系所在寒暑假也會輔導碩士生至相關產業見習實習，並產出個人作品集，對未來求職非常實用，使學生在校時就能與業界經驗密切結合。相對而言，國內數位學習相關科系學術導向較重，雖也有業界相關參訪或個別教師之產學合作，但校方較少有系統積極替在學學生媒合業界實習，甚至訂定業界實習學分的相關規範，鼓勵產業界與人才培育的聯繫。然而校園中的人才與產業界積極交流，亦可促成學習的新科技與新觀念更快地從大學流動到產業界，觸發數位學習產業升級的機會。

此外，國內數位學習相關的博士班非常重視學術發表。確實，學術表現攸關新科博士未來找到大學教職的機會，但若要培養這些未來的大學教師成為日後能走入實務的數位學習人才，也必須擁有相關產業經驗，才能提供將來學生所需的知識與技能。

早年觀念認為學術人才經過博士班的專業訓練，就等於懂得如何勝任大學教學，在今日已被視為不切實際的迷思；不過許多人仍然以為在傳統教室教得好的教師，也能夠無痛轉換到線上教學。實際上，將傳統面授課程重製為線上課程，正是系所教師重新檢視與更新任教多年課程的機會，線上教學知能的專業發展，幫助學科教師由知識的

傳授者轉換為學習的引導者，形成以學習者為中心的學習方式，也是學科教師重新認識教學專業的重要契機。數位學習系所的博士班教育，也應該提供博士生相當的業界經驗、或至少在大學的數位學習相關單位實際操作數位教學支援的任務，除了能讓博士生瞭解數位學習產業動態之外，他們的研發成果也將更能切合產業所需。

四、數位教學需要專業人士與社群確保專業發展

新冠疫情迫使全球師生必須在家教、在家學，也使得線上教學的使用程度來到前所未有的盛況。不過，雖然線上教育愈來愈普遍，但從緊急遠距教學一切從簡、堪用即可的實施，拉回線上教學有節有序的軌道，仍需要正視教育從業人員數位教學專業能力的重要性。專業及有一套內在與外在的標準，內在標準包括具有豐富的學問知識、能提供公眾客觀的建議和服務、主觀但精準的高度判斷力等，或也有人簡單歸納為專業精神、專業倫理與專業能力。外在標準則被界定為是否有制度化的教育機構提供人員特殊知能的培訓、較高的社會聲望與收入，能成為全職投入的行業；以及設有專業協會，能從內在標準上制訂從業的標準與專業倫理。

以數位學習人員來說，目前國內已經有提供相關學位的系所，數位教學設計師、線上課程規劃師等職缺亦逐漸增加，外在標準逐漸充分。但制訂從業標準與專業倫理之內在標準則還有待發展。臺灣在推動與數位學習專業有關的學協會約可分為學術研究導向與推廣導向兩

類。學術研究導向大者如：臺灣數位學習與內容學會、臺灣教育傳播暨科技學會、中華資訊素養學會等；推廣導向團體的數量較多，例如：中華民國數位學習學會、中華數位學習與科技推展協會、中華開放教育聯盟、臺灣開放式課程暨教育聯盟、中華資訊與科技教育學會、中華數位科技暨教育協會等。不過，上述社團法人組織前者多以大學教師與研究人員為主，後者則以校院或跨校組織為基地，運用學協會較為方便的身分，代替校院或跨校組織進行業務推展與人員培訓，尚未觸及從業標準與專業倫理等議題。

若與美國的學協會作對照，美國教育傳播與科技學會（Association for Educational Communications and Technology, AECT）、國際教育科技協會（International Society for Technology in Education, ISTE）可說是兩個重要的聖堂，同時扮演了學術研發、傳播新知與訂定專業標準的任務。另外兩個大型的組織線上教學聯盟（Online Learning Consortium, OLC）與美國的 EDUCAUSE，則是以數位學習從業人員為主的協會。OLC 的主導理監事多為曾經從事數位教學工作，而後取得博士學位在大學任教的教師；而 EDUCAUSE 則多以數位學習從業人員的中高階經理人為協會的主力。可以發現，若要使臺灣數位學習從業人員的專業獲得社會尊重，需要進一步設立以數位學習從業人士的專業社群，或讓已設立的學協會能夠廣邀從業人士的加入，促進數位教學人員的專業發展。

4.6 強化線上學習品質輔導機制

　　大學是「追求真理」的場域，教師有「教的自由」，學生也有「學的自由」，尊重授課教師的規劃、且不受任何外力的干預，是近千年來西方大學史所建立起的共識，並由大學成員相互遵守。不過，隨著社會演進，人們對保障智慧財產權的意識高漲，政府部門因校方受到侵犯智慧財產的檢舉，而對大學展開調查、甚至搜索等情況更時有所聞，使得在校園中使用未經授權的著作來傳授知識，是否應該因其教育目的而獲法律另外保障，不斷受到各界的討論。而其保障範圍與著作人的權益平衡點應置於何處，亦須經過法律深入探討。根據現行中華民國《著作權法》第 52 條「為報導、評論、教學、研究或其他正當目的之必要，在合理範圍內，得引用已公開發表之著作」；以及第 65 條「著作之合理使用，不構成著作財產權之侵害。」兩條規範看似概念清楚，但在學校情境實踐中仍相當模糊。

一、協助課程教材的著作權清檢與授權

　　傳統教室使用的教材，因其聽眾封閉性質較高、觸及人數有限、且有知識傳授的教育意義等因素，若僅單次利用或使用少量他人已公開發表之著作，一般認為在著作權法上屬合理使用。不過，數位化的教材，例如書籍章節、投影片、甚至期刊文章的圖片等，絕大部分皆非授課教師親力親為所製作的素材，即使線上課程非以營利為目的，

但可能因電子資源在網上廣為散布，致使構成侵害他人著作財產權。為求謹慎，不論是校內的封閉線上課程或磨課師，運用他人已發表的著作通常不被認可在合理使用的範圍內，因此，線上教師在設計課程時，皆遇到非常大的困難：如何確保使用的教材無侵權？若開設一門線上課程會讓教師慘遭起訴甚至賠款道歉，則臺灣的線上教育難有施展的空間。

　　一般而言，推廣數位學習的大學校院，可以採用兩種做法來解決授課教師無意間侵犯他人著作財產權的情況。一是在教學發展中心或數位教學中心設置查驗著作權的專責人員，角色類似於商業機構中的法遵人員，有效降低機構在執行業務時可能遇到的法律風險。而在校園內，專員除了一一替教師檢核教材、多媒體、試題等項目是否侵害他人智慧財產權，並代為向著作擁有人聲請使用許可或支付必要費用之外，該專員會蒐羅並提供課程教師可公開使用的素材，也會視情況轉介校內的推動數位學習單位裡的多媒體設計師，在無法取得授權的情況下另行製作課程必須的影音素材。

　　第二種做法，是由大學出版社支持校內的教師出版自己的教科書，或更進一步加入全球開放教育資源運動，成為開放教科書社群的一分子。畢竟著作權是保障知識的表達方式，而非知識本身。若大學教師可以獲得自行製作數位教材的支持，製作出來的開放教育資源將能造福社會大眾，平衡大型跨國教科書書商運用著作財產權法規、限制知識流通的窘境。

二、建立線上課程的生命周期

科技的進步與新知識的突破，都使得大學教師必須不斷地更新教學內容，雖說線上課程可以重複利用，模組化的課程對於抽換單元內容也更加便利；不過，重新發展或更新課程內容未必比開設新課簡單，反而在課程更新的內容、活動與評量設計中，需要投入更多心力來協調與校準。不過，由於國內的線上教學歷史尚短，很少有機構規劃出一套有系統的課程再生方案，且校內推動數位教學的單位通常優先為開設新課投注資源，因此即使授課教師有意願，通常一門磨課師課程上線之後，便不再進行更新，某程度上也影響學生選課意願，最後不得不停課，實為可惜。

相較臺灣，國外的線上課程較為注重課程生命周期。以美國樹城州立大學為例，課程第一次上線後，數位校園中心會指派一位有線上教學經驗的資深師傅教師，根據 Quality Matters（QM，美國一間專門從事線上與混合教育品質標準研發、品質保證以及發展培訓的非營利機構）的線上教學品質準則與授課教師進行晤談，討論當次授課狀況及所遇到的問題，並於寒暑假期間或下期開課前，針對課程內容進行改善。改善後的課程，經過師傅教師的認證，便能納入全校線上課程資源庫，未來若要開設大量、內容一致的課程，例如大一必修課，就從資源庫的母站中複製即可。

這些納入資源庫的課程皆列有版本管理專案，課程開授滿兩年，個案管理師（通常為當時共同開發課程的教學設計師）會與授課教師

聯繫，並討論更新模組層級，例如個別單元因加入新知識而重錄；課程開設滿五年，則與授課教師聯繫並討論課程重製。因此，一門課程在下次完全重製之前，會有第一學期、第二年、第四年至少三次的更新里程碑。而課程開授滿五年時，教師在教學設計師的協助之下，將決定課程是否再做部分修改，延長課程壽命，或乾脆開設另一門新課，亦或思考其他創意選項。

個案管理師與教師不一定要每次都要針對課程提出修改建議或規劃，但是定期的審視可以幫助授課教師在忙碌的研究、服務與教學生涯當中注意並維護課程品質。經由學校資源的支持，也能緩解教師「有心但無力」改善課程的問題，確保線上課程能維持高品質。因此，由專責單位與授課教師共同控管課程的生命周期，至關重要。

三、線上課程輔導人員培訓與授證

以「課程認證」機制來確保課程品質，是教育界長期以來誤用了工業製造品管的錯誤觀念，以整齊劃一的工廠生產線與產品良率來隱喻控管課程品質，造成極大危害。教學本身有其藝術的層面，需要專業人士與教育家透過交流，才能建構出既獨特又有品質的課程。檢核每堂課程的一致性，不但無助於品管，甚至會扼殺教學的生命力。

因此，本書建議應建立國內跨校線上課程輔導人員資源機制，以取代現行的課程認證。這是因為教師的教學良莠，既如品酒一般需要

見多識廣的專家來評斷，也如伯牙與鍾子期一般，需要深入的默會，因此真正適合確保課程品質的做法不是「課程認證」，而是「教師認證」。課程製作出來之後如前段所述有其生命周期，但是藉由數位教師或師傅級數位教師共同指導，將能讓課程在大學校園中擴散，影響、說服更多教師投入數位教學。

由史丹佛大學 Eilliot Eisner 教授所提出的教育鑑賞與教育批評（educational connoisseurship and criticism），是以專家品酒的隱喻，把教學的評鑑視為藝術的欣賞與批評，選擇對課程方案有深厚經驗與學養的人員擔任鑑賞者，不僅要洞察課程的優缺點，更要提出有效且可行的建議。如師傅級數位教師等鑑賞者可以與授課教師進行說課、觀課與議課，讓自己成為優良數位教師的造王者。我們認為透過鼓勵資深的線上教學教師擔任師傅，能逐步建立起線上教師的社群，其做法包括：

1. 說課：授課教師向鑑賞者描述他所處的線上教學內容之情境，從鑑賞者的建議中交換雙方對於情境的理解。
2. 觀課：請鑑賞者觀察授課教師的課程，例如製作的教材、平台課站、作業要求與授課實況等。並請授課教師描繪、刻劃他所注意到的線上課堂現象。例如學生提問的型式和數量、教師給予學生的印象和想像、討論區經營的時間多寡、學生心得等。
3. 議課：鑑賞者依其教學經驗給予教師設身處地的意見，使授課教師獲知教學的意義，並了解整個教育歷程的特徵與品質。

這個歷程可同時加強授課教師對自身教學行動的觀察和思考能力。最後鑑賞者對課程以及鑑賞過程中的重要意義做出價值判斷，並邀請教師共同研擬後續的改進措施。

目前，數位課程的認證由教育部終身教育司委託空中大學進行。本書雖主張停止實施數位課程認證，但仍然贊同空中大學是最適合執行線上課程輔導人員培訓與授證的主政機構，可發揮線上教學的專業、組織適合的人員與學會、進行培訓與輔導人力開發，並且採取激勵性質的方案，例如邀請通過線上課程輔導人員培訓的資深教師，以每學期跨校輔導 5 門線上課程等運營方式，逐步建立高等教育線上教學的自我更新社群。而獲得線上課程輔導的教師與其所開課程，可以公開張貼數位標章（digital badge），以說服大眾這是一門經過同儕評審且獲得肯定的課程。

四、確保線上學生學業操守與誠信

教育界通常談的是光明面事物，但我們也很難否認，作弊行為確實也與教育的歷史相始終。當「在家上網學習」成為常態，可以在螢幕前學習卻必須到校考試的矛盾，常讓大學生屢屢抗議不符學習權益。事實上，線上學習的作弊、抄襲，甚至是冒名頂替、盜領學貸等弊端，的確是美國高等院校甚至是美國聯邦教育部的心頭大患。

《紐約時報》曾經報導，大學生的作弊行為早就延燒，哈佛大學

在 2012 年、杜克大學在 2007 年都爆過學生舞弊事件，甚至從不質疑學生可能作弊的常春藤名校在 2013 年探討了採認 Coursera 證書為畢業學分的弊病。《紐約時報》專欄記者向這些大學疾呼：「你們知道很多學生都是作弊得到證書的嗎？」

過去僅有少數教育研究者持續注意學生的學業操守問題，但是隨著線上學習大幅拓展，學業操守成為每一所接納線上學習的院校必須面對的挑戰。大抵而言，大學遇到的兩大挑戰分別為線上學生的「身分認證」，也就是如何確保上課或考試的帳號即為學生本人；以及考試時的數位監考，要如何確認公平公正。而一旦透過科技工具偵測到舞弊情狀，如何進一步處理、避免誤判（例如學生感冒導致聲紋辨識失敗）或造成偏見（實施嚴格措施意味著線上學生作弊可能性高），反而導致危害線上教學的營運，則是下一個頭痛的問題。

2017 年，美國聯邦教育部稽核署（Office of Inspection General）發出調查報告，指控一所知名在線大學 Western Governer University（WGU）的線上課程根本上缺乏「師生教學互動的事實」。若學生沒有學習活動，教師缺乏指導，則申請免利息的助學貸款不但有冒名頂替之嫌，更存在學校與學生合謀詐欺政府經費的重大過失，稽核署決定討回相當於該校一整年預算的助學貸款。該案由於採取面授課程的師生互動作為判準，指控該校根本無法確認線上學生是否為本人前來學習。教師與學生幾乎不見面，怎麼可能了解學生的進步幅度跟歷程，而且採認能力本位教育（competency-based education），即以「同等學力」證明（如考試證書、證照、工作資歷等）來換取免修、抵修

Western Governors University Was Not Eligible to
Participate in the Title IV Programs

FINAL AUDIT REPORT

ED-OIG/A05M0009
September 2017

圖 4-11　WGU 遭受懲罰性經費追討的
調查報告封面。

學分,學校並不會另作考核。這些批評,造成線上教育界的極大反彈。所幸,聯邦教育部聽取建言,重啟調查,並於 2019 年承認該報告未能回應線上教育快速改變的狀態,恢復 WGU 申請助學貸款的資格。但這個重大事件,顯示出社會對線上學生學業操守的不信任。

如果說過去大學校院對於數位教育的防弊,還可以選擇視而不見,那 COVID-19 所帶來的大規模實體停課與線上教學,以及生成式 AI 的劃時代進展,則強迫大學校院必須面對並提出解決方案。其中一項重大的改變,是在遠端監考未必有用的現實限制下,大學教師不得不省思過去為了省時省力所採用的紙筆測驗或練習作業,是否是唯一能接受的考核做法;或者該考慮採用師生雖需要耗費較多時間與精力,卻能收獲較好學習品質的卷宗評量、面試、小組專題等方式。辦理英語能力檢定的美國教育測驗服務社(Educational Testing Service, ETS)在疫情期間為達防疫要求,保持社交距離,即推出遠端監考服務的居家考試方案。不過,大學院校在導入防弊科技的同時,也需要同步改善校園文化、制度規範、課程品質以及教師共識等層面。否則光依賴科技防堵,道高一尺、魔高一丈,將難有功效。

五、換算線上學時與學分

學分的計算基準，不但攸關學生的校際選課採認，也影響教師的教學時數核計。過去大眾對於線上教學的嚴重誤解之一，就是來自於官方片面要求線上課程的教學時數（credit hours）必須等同於教學影片的總時數。然而，即使是兩學分的傳統面授課程，教師也並不會整整「講課」36 個小時，而是會在上課期間講述搭配分組、考評、發表等活動。因此，衡量學科程度及所需的時間既然被稱作「學分」而非「教分」，其單位本質應該是對學習特定知能所需要時數的估算。把學生的學習時間跟教師的講述時間劃上等號，不但是要不得的誤會，更是對以學生為學習主體之當代思潮的天大諷刺！

美國聯邦教育部所授權分區的大學認可協會（regional accrediting body）對於不同學制的學期，例如 16 週的學期制（semester）、10 週的學季制（quarter）、或 4 週與 8 週的密集暑期課程，以及傳統課程與線上課程之間的學時、學分換算早有換算標準。地廣人稀，線上教育推展甚早的西北大學院校審議委員會（The Northwest Commission on Colleges and Universities, NWCCU），就訂有轄內學校如何遵守聯邦教育部學時制的操作指引。以學期制學時來說，統一將一節課的時間訂為 50 分鐘，而原則上一學分的課程內含 15 節教授的課堂教學，以及 30 節的課後自學活動，例如獨立研究、期末專題、小組討論、完成作業等學生需要自行學習的時間。換句話說，每一學分等於 50 分鐘乘以 45 節，也就是 2,250 分鐘（37.5 小時）。 這 37.5 小時即代

表學生取得這一學分最少應該付出的時間成本。這樣的原則，幫助教師能務實地估算每一個學分應該給予學生的學習分量，避免過重或過輕。如何計算自學時數，NWCCU 也有一套估算的基礎。若是非計算性質的科目，教學設計師會建議授課教師根據所選用的教材，以一分鐘 200 個英文字的閱讀速度，作為大學部學生閱讀能力的平均速度，並加以計算。

值得特別指出的是，該指引進一步規範教師課堂教學，亦應估算「學習活動」所需的時間，而非將課堂教學等同教授「講課」的時間。原則性的規範是：課堂教學時數的三分之一為教師的直接教學（direct instruction），剩下三分之二的時間為課間學習活動。上述的規範並非硬性要求，但可以幫助教師釐清一堂課中學習活動所占用的時間比例，導正「教師應該講滿 36 個小時課程」的錯誤認識。此時，非同步線上課程若擬採計 18 週的兩學分，則 10 至 12 小時總長的影片已經非常充分，而教師應該另外設計影片之外 20 至 24 小時的課間學習活動。

以此原則出發，各校可換算出不同學期制度下的學時要求，下表為不同學分數與週期的學時試算。此一計算規則，還可以幫助我們估計一位全時學生，以及越來越多的兼讀生或在職生，在忙碌的生活中應該負擔多少學習分量，這對規劃學程與導師的學業指導都很重要。

隨著越來越多短期的線上學習學分課程出現，師生都必須對於自身應該投入多少學習時間與努力有清楚的期待。以線上教育聞名的美國馬里蘭大學為例，其線上教學的學分計算，除了授課影片之外，也包含四大項計質與計量的學習要求。

1. 在符合教師對於學級、科目、權重等期待標準下，學生完成指定學習活動所需的時間。
2. 學生閱讀與理解教師指派學習內容的時間，包含閱讀課程大綱與作業指引等課程文件的時間。
3. 授課教師與學生非同步互動的時間，例如 e-mail 回答問題、帶領討論區等。
4. 師生參與同步網課的時間。

若將全時學生定義為工作日能全數投入學習的學生，則其學習時數應該為每週一至週五，每日 8 小時，至少有 40 個小時。若以 NWCCU 的 15 周學期算法，全時學生每學期修課 15 學分，15（學分）x 2.5（每日平均學習時數）= 37.5（每周平均學習時數），尚屬合理。

但如果想要在暑假期間開設一堂三週 4 學分的密集課程，並要求學生必須投入每週 50 個小時的學習時數。雖然理論上可以行得通，但這樣如同「加班」的過度學習壓力可能將學生放入險境。換句話說，學校對學生的修課上限、輔導機制都需要有清晰的指引。例如在七週的暑假課程中，學生欲修 9 學分，則學校需要讓學生意識到這代

表他每週應該付出 48.25 個小時在課業上，否則他應該減修學分。

這些計算方式，對於線上教學與實體教學的第三學期、暑修、密集式課程、微學分等學分計算，將能進一步釐清，也能建立跨校學分採認的互信基礎，更可確保師生權益。以臺灣學制來說，只要不落入懲罰或防弊的思維，美國的思考方式非常具有參考價值。考慮到美國四年制大學部的畢業學分在 120 至 130 學分之間，與臺灣的 128 學分要求相近，因此在相同的計算基準之上，學校可以調查開課教師認為每學分應該承載負荷的「學習時間總數」，便可參考表 4-2 計算出對應的數值，或者進一步由目前的大學系統如臺灣聯合大學系統、臺灣大學系統等開始討論實施，既是幫助大學自治的教與學事項更加完善，也不必讓政府過度介入，造成過多管制。

表 4-2　學分與彈性學期時的學時試算

學分數	最少學時要求	15 週的平均每週學時	7.5 週的平均每週學時（期末考的半週以括弧另計）	7 週的平均每週學時	5 週的平均每週學時	3 週的平均每週學時
1	37.5	2.5	5 +（2.5）	5.5	7.5	12.5
2	75	5	10 +（5）	10.75	15	25
3	112.5	7.5	15 +（7.5）	16.25	22.5	37.5
4	150	10	20 +（10）	21.5	30	50
5	187.5	12.5	25 +（12.5）	27	37.5	62.5

4.7 採用可持續的數位教學平台

臺灣富有充沛的資訊工程人才，21 世紀初期，交大、中山、中正、臺大、清華與文化等大學都曾經自行製作線上學習平台，更有學校購置國內第一家通過 e-Learning 國際標準的旭聯科技所製作的智慧大師行動學習 APP，或購買國外教學平台（如臺師大在 2003 年曾經購置 WebCT 平台）。至今國外開發出多種商用學習平台服務，傳統教科書商如 Wiley 或 Pearson Learning，也透過電子教科書內容的數位化優勢，跨足學習平台的設計運營。

不過，臺灣市場規模有限，不但線上課程發展平台不易如國外學習平台能累積廣大客源、具備跨國服務能量，國內大學的經費規模也普遍不足，缺乏充分的財源來支付國際商用學習平台。像是過去曾有大學購置使用的大型線上教學管理平台 Blackboard，因其授權費用逐年高漲，降低學校使用意願，目前幾乎已經退出臺灣市場。

一、學習平台共營共享

第一章曾提到，來自開放源碼社群的 Moodle 平台仍受到各國大學院校的廣泛採用。本書於 2022 年進行國內的校院調查，在近 100 所回覆的院校當中，發現採用 Moodle 平台的校院有 40％，雖略低於採用智慧大師、暢課、易課等商用平台，但顯示出在高教資源有限的

情況下，支付費用較低但堪用的國內平台、或者擁抱開放原始碼的免費平台走向國際，似乎是兩大主流選擇。

　　開放原始碼軟體是來自於自由軟體運動，由奮起反抗軟體專利權壟斷的鬥士們領軍，知名倡議人士包括 Linus Torvalds（Linux 核心作者）、Richard Stallman（GNU 計畫和自由軟體基金會創始人）、Bruce Perens（開放源碼概念提出者、Debain 發行版主席）、Eric Raymond（Emacs 作者，曾著書《大教堂與市集》比喻專利跟自由軟體的差異）、Brian Behlendorf（Apache 網站伺服器作者）、 Michael Tiemann（GNU C# 語言編譯器作者）、Larry Augustin（自由軟體鑄造廠 SourceForge 創始人）與 Frank Hecker（Mozilla 基金會執行董事）等人。他們主張資訊科技的開放共享，普及合法且公開的作業系統和應用軟體，拒絕因為高額的授權費阻礙了中低階層與開發中國家人民接近資訊世界的機會。這項倡議不但給予人們資訊世界中的自

校內主要使用非同步學習平台（共95校）

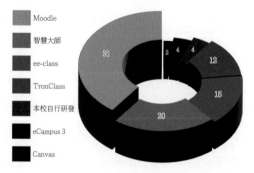

- Moodle
- 智慧大師
- ee-class
- TronClass
- 本校自行研發
- eCampus 3
- Canvas

圖 4-12　臺灣的高等院校主要使用的非同步學習平台。

由，也以具體的行為支持了各地透過網路賦予教育公平的各種運動。

在臺灣的高等教育學習平台中，第一個以使用 Moodle 平台為人所知的重要里程碑，便是針對科學學習所設計的網路線上課程系統「科學園」（https://enjoy.phy.ntnu.edu.tw/）。科學園是臺師大物理系黃福坤教授以一人之力，運用開放原始碼的 Moodle，經由臺師大及臺灣學術網路提供服務，自 2003 年上線至今，開設了 860 個國中至大學物理教學相關的課程或群組，服務全國有意累積數位學習能量的物理老師。

黃福坤發現，教師將授課內容融入科學教學時，最大的挑戰不是缺少學習管理平台，而是缺乏幫助教師教學與學生學習的數位工具。例如進行科學小組討論時，需要用畫圖的方式表達論述與想法；在教授數學方程式時，為了讓學生方便理解，需要同步示範並編輯方程式（如 MathType）以描述科學定律。正因為 Moodle 的社群共構與強大開放原始碼社群的特質，科學園平台得以提供客製化的網路科學學習環境，例如師生可運用 SVG 繪圖功能、Physlet 動畫模組與電路介面、繪製科學函數圖形、物理動畫設計功能，搭配 Moodle 平台原先具有的社群工具如討論區、頁面、個人部落格、課程 wiki、個人 wiki等，讓師生的學習方式有了嶄新的發展。科學園平台在二十年前實現了以網路瀏覽器進行線上科學學習，甚至還建立英文的線上社群，讓全球的物理老師都能在科學園討論如何製作物理教學動畫。科學園平台的成功案例傳遞以下事實：

1. 支持開放原始碼運動，讓臺灣可以與國際社群緊密連結，促成數位教育源頭的活水源源不絕。

2. 臺灣必須掌握推動學習平台的主導權。如果將主導權完全附託在商用網站或外國網站上，則只有極少數的大學有經費支付商用平台或獲得國際平台所提供的課程。

3. 學習平台是收集大量網路教學資料的極佳管道，當平台掌握在他人手中時，將無法取得學生的學習動機、模式及成效等重要資料，不論對研究或教學而言都是重大的缺憾。

4. 臺灣必須在開放教育領域上保持競爭力，以優質的教學內容及與國際接軌的開放平台，以避免被中國以量取勝而慘遭邊緣化的命運。

有鑑於此，陽明交大自 2017 年起發起臺灣共享教育運動，其中一環便是著眼共享教育的基礎建設。若要建立一個方便更多師生分享教育活動的環境，必須具有可以共享通用、發展可能性是開放的，且功能與頂尖數位學習平台技術能同步的三項特質，缺一不可。因此陽明交大規劃及推動公版校園使用的 moodle 數位教學平台，並以 Moodle3.1、PHP7 及 MySQL5.5.31 三種程式設計系統為基本架構，名稱訂為 Moodleset。截至 2018 年 8 月止，簽約參與合作的學校高達 11 所，包含中華大學、耕莘健康管理專科學校、馬偕醫學院、中正大學、空中大學、宜蘭大學、虎尾科技大學、政治大學、屏東科技大學、淡江大學、慈濟大學等。參與學校除了使用 Moodleset 平台模組外，還共組臺灣 Moodle 共享社群，參與外掛開發、數位課程交流等

活動。這項平台的模組，也協助非學校的研究機構，例如國家衛生研究院等組織建置終身學習系統，並於 2017 年 11 月正式上線運行。

根據本書 2022 年針對全臺大專院校線上學習狀況的調查顯示，疫情之後大多數大學院校使用的同步視訊會議平台分別為 Google Meet 與 Microsoft Teams，各占約 40％；第三名 Cisco Webex 則占了約 10%，其功能與遠端會議軟體 Zoom 相似。換言之，臺灣有超過 90％大專院校所使用的高等教育線上同步平台掌握在商用組織手上。

然而，2022 年 7 月開始，Google Workspace 改變了教育版收費標準，已不再提供無限儲存空間，而改為提供 100 TB 的免費共用儲存空間，這項政策迫使全國各級學校不得不放棄疫情期間好不容易建立的同步數位教學能量。這凸顯出一個重要警訊，當商用平台決定漲價時，使用者只有付費或不再使用兩種選擇，甚至有些平台不允許使用

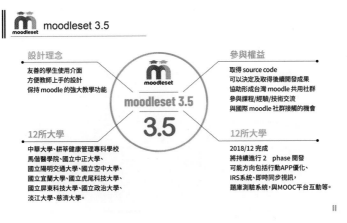

圖 4-13　陽明交大發展的 Moodleset 學習平台分享架構。

者搬遷資料，或即使可以搬遷，數據格式未必與其他平台相容；亦或即使資料可以轉換，重建也絕非易事，顯示出使用者嚴重受到商用平台的支配。

今日 Google 可以改變政策，未來 Microsoft 或 Cisco、Adobe 等公司也能如法炮製，對於需要穩定累積發展的校園線上教育而言，過度依賴商用平台的危險由此可知。因此，即使可用於教育活動的同步視訊軟體有眾多選擇，但是支持開放原始碼平台、挑選有技術前景的同步視訊會議平台，應該成為國家級的高等教育戰略之一。例如數位發展部唐鳳部長以開源軟體 Jitsi Meet 管理並運營線上同步會議，不應只是停滯於個人應用的層次，而更應以臺灣數位發展的角度來進行開放原碼平台的開發。

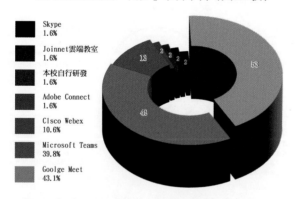

校內主要使用的「同步」學習平台（共123校）

- Skype 1.6%
- Joinnet雲端教室 1.6%
- 本校自行研發 1.6%
- Adobe Connect 1.6%
- Cisco Webex 10.6%
- Microsoft Teams 39.8%
- Goolge Meet 43.1%

圖 4-14　臺灣的高等院校主要使用的同步學習平台。

二、行動裝置深化線上學習平台運用

　　行動學習（Mobile learning）是利用行動裝置可移動及無線通訊等特性，方便學習者利用網路實現學習不受場域限制的願景。只要每位學生隨身攜帶一種行動裝置，就能滿足翻轉教室中的個人化學習，以及學習無所不在的基本條件。不過，行動裝置並非行動學習的核心要素，學習者、數位內容、周遭環境與學習的可移動性，才是以學生學習為中心的行動學習重點。

　　經由教育部數位學習精進計畫的推波助瀾，未來行動學習的趨勢勢必從過去的「選擇使用」走向普及後的「必須使用」。隨著近年來越來越多平台推出個人專屬行動裝置，教室中也出現許多因應行動學習的數位教學設計、學習工具。行動學習不但在正式學習的使用率劇烈提升，也開始散布到非正式學習的學習者。透過行動學習，每個人的學習內容、目標、步調都得以客製化，且隨時能上網的功能整合了學生既有的數位能力與資源，也更加重視學習者的即時參與和貢獻。

　　近年來引起熱議的翻轉教室教學模式，就是強調教學融入資訊科技、透過線上學習平台的影片進行個人學習、搭配平台即時提供給教師的學習分析報表，使行動裝置被視為數位教室教學中不可或缺的工具，並達成每位學生人手一機，善用學習平台在雲端數位資源等學習風景。

4.8 照顧弱勢學生的數位機會

　　社會學家把進入工業革命之後的現代社會稱之為「功績社會」，即每個人的成就越來越不再以世襲的血統、出身背景、財富地位或政治宗教特權作為基礎，而是以個人的才能來公平爭取。受教育的機會，是我們在未來得以面對變遷、更新自我、加強專業本領的鑰匙。孔子說「三人行」才「必有我師焉」，如今我們身處「學習無所不在」（ubiquitous learning）的 21 世紀，只要滑開智慧型手機，隨時、隨地、無時無刻都是學習的好時機。然而我們也深知，數位機會的均等，是教育機會均等的關鍵。每個社會都有相對落後或弱勢的地區和群體，大學一方面是推動科技向前奔馳的火車頭，另一方面，大學也需要把手伸得更長，將教育的機會擴散到最需要的地方。

一、拉近一般學習者的數位落差

　　21 世紀已走入第三個十年，使用資訊科技已成為參與社會與生活的必要媒介。然而，每個人接觸與使用數位科技的機會與程度不同，當運用電腦科技與否，能左右人民在經濟、教育、政治參與、社會生活等各個層面的品質時，有識之士已將數位機會視為當代資訊社會的基本人權之一，強調資訊科技能廣泛照顧到每個人就業與經濟活動參與、教育活動、社交網絡、公領域與私領域的流動、文化生活，以及參與政治事務的公民實踐等，若人們無法善用數位工具，則可能

在數位時代遭受生存挑戰。

　　數位落差指的是社會上不同經濟、居住環境、階級背景的人，接近使用數位產品的機會與能力上的差異。這樣的概念最早可追溯到 1995 至 2000 年美國商務部電子通訊與資訊總署（National Telecommunications and Information Administrations, NTIA）為喚起公眾注意所發布的系列白皮書，其於 1999 年的報告書首次使用了「數位落差」一詞來描述使用者能否進用新科技的狀態。在 2000 年的報告中，NTIA 將「收入」、「教育水準」、「族裔差別」訂為數位落差的三項指標，並提出三個要點：(1) 落差以是否有實體連結來界定；(2) 地理區位的不同決定了使用者接觸科技機會的多寡；(3) 有必要與資訊世界相連是基於國家或個人的經濟利益考量。簡而言之，一旦一個人在使用資訊科技上有所落後，他便可能承受找不到好工作、缺乏遷徙能力、生活品質低落等遭受社會疏離及近似經濟不利的壓力。為避免人們落入不利的處境，「弭平」數位落差便成為必要性任務。本書雖然探討的是高等教育階段的線上學習，卻也深感弭平數位落差，確實需要從國民教育階段、甚至是社會福利等取向及早著手。否則，當數位知能中存在著貧者越貧、富者越富的「馬太效應」，待學生成年進入大學或進入終身教育階段再拉近數位落差，已然是事倍功半。

　　NTIA 歷次白皮書鑑於社會變遷，建議將政策規劃從普及公共服務，例如廣設圖書館的可借用平版、公用電腦或政府的公用 WIFI 等，改變為以家戶甚至以個人為單位的網路連線普及化，每個人都有行動裝置或低資費的網路連線，使數位服務成為如水電一般唾手可及

的基本人權。拉近數位落差的具體行動，在世界各地如火如荼地推展中。例如由 MIT 媒體實驗室的主持人 Nicholas Negroponte 所發起「每童一筆電」（One Laptop Per Child, OLPC）計畫，以百元電腦的全球慈善方案，縮短開發中國家孩童與先進國家的數位落差。

　　同樣地，臺灣政府曾經也提出並執行不少拉近數位落差的各式計畫。例如教育部資訊及科技教育司提出促進社區發展與偏鄉培力的「偏鄉數位應用精進計畫」（http://itaiwan.moe.gov.tw/）、鼓勵大學生課輔偏鄉學生的「偏鄉地區中小學網路課業輔導服務計畫」、招募企業受贈二手電腦的「偏鄉數位應用推動計畫」、鼓勵大學生服務隊入鄉帶領營隊的「教育部資訊志工團隊計畫」、及每年提供 1,000 台免費電腦給低收入戶學童「國民電腦應用計畫」等。不過，上述提到的計畫經常因配套措施不足，而導致政策無法順利進行；甚至很多計畫結束後皆未能延續，官方網站早已失效。像是「國民電腦應用計畫」雖然是提供低收入戶電腦，且要求廠商安裝自由軟體，避免使用者將來需要付費負擔軟體。但是，該方案並未補貼低收入戶上網費用。作者多年前在偏鄉國小服務，曾見到企業捐贈二手電腦，但若學校缺乏對電腦融會貫通、且願意花費額外時間在硬體檢修與軟體維護的人員，即使獲贈設備，也無法立即投入教學使用、發揮其實際效益，亦使原本的美意大打折扣。

二、提升特殊需求學生使用線上課程的機會

新冠疫情期間，ewant 育網平台大力協助線上學習的推廣，專家特別從使用者數據中發現國內高中學子與國際趨勢相同，不但有發展線上學習的潛力，也可在線上學習中具體落實新課綱強調培養學生自主學習能力的理念。不過，在輔導高中師生於線上悠遊樂學的這段期間，我們也意識到，擁有特殊需求的學生在開放教育運動中是未被有效觸及的群體，因此開始省思，如果開放教育沒有考慮到學習障礙者，並且為他們的數位學習環境做出改善，那就不能算得上是開放教育。與此同時，教育部宣布推動「班班有網路、生生用平板」的數位學習精進計畫，其中投入規模 56 億元的數位內容資源。

兩年多來，我們在疫情對數位環境的改變中看到了隱性的數位落差，對人們的社會參與能力帶來深遠的後果。的確，四年兩百億的計畫能夠普及化大眾運用數位學習的成果，但資源豐沛的區域跟團體必定在這樣的趨勢中跑得更快更遠；相對而言，特殊障礙學生可能因此在學習上更加落後。如何讓數位學習精進計畫成功幫助一般學生加強數位科技應用能力，熟悉數位學習平台、工具與資源使用，並培養自主學習能力的同時，也要協助特殊需求的學生善用數位科技，逐步提升自主學習能力，是政府所不該忽視的。

本書主張，國內線上課程應該先至少設計出幾項較適合特殊需求學生的範例課程、設計原則、應用策略，讓其它線上課程平台與教師有參考依據。目前國內外學界對於提升特殊障礙學生使用線上課程的

研究還不太多，且要改善無障礙線上課程應該要分階段進行，並從平台、教材、教學三個面向著手，平台需要至少先符合 W3C（World Wide Web Consortium，全球資訊網聯盟）的無障礙標準，才能調整數位教材跟線上教學策略。成立於 1994 年 10 月的 W3C 標準，是以開放論壇的方式來促進開發互通技術，只要在網頁結構、表現和行為上都符合 W3C 發步的標準，即可支援 Safari、Chrome 等主流瀏覽器，讓所有人都可以看到這個網頁。

不僅如此，平台也需擇宜考慮導入對象、課程類型，瞭解特殊師生需求。例如一般高職的綜合職能科，或者是兼具「資賦優異」及「身心障礙」兩種特質的雙重特殊生、或者啟聰、啟明——也就是認知能力與一般學生相似的同學，似乎皆可以先考慮納入成為線上學習的對象，並逐步降低 15 至 18 歲接近成年的部分特殊學生使用線上課程的門檻；或至少提供指導特殊學生的教師、家長或輔導員們相對有用的數位內容資源。線上學習平台也需要盤點有潛力被特殊學習者運用與學習的課程，經授課教師同意後，將課程根據特殊教育專家所提出的設計原則加以改編。設計原則大致可粗略區分為視障、聽障、肢障與認知障礙的無障礙設計，分別涵蓋以下標準：

1. 視覺障礙的無障礙設計：搭配「螢幕報讀軟體」，提供適合的超文本，影片、聲音、圖片與圖表等教材必須含有文字說明。
2. 聽覺障礙的無障礙設計：針對影片與聲音檔案提供字幕，以及可以另外下載的字幕檔。

3. 肢體障礙的無障礙設計：提供除了滑鼠以外的多種操作方式，例如如鍵盤快速鍵、觸控螢幕、聲控、腦機介面等。

4. 認知障礙的無障礙設計：以多樣的教材呈現教學方式，例如簡易文字、鷹架理論、導入組塊化教學概念、圖例、加強步驟練習與程序性習慣養成策略等輔助。

　　課程經過初次改編之後，授課教師可以在數次的開課與蒐集使用者回饋中，將課程改為無障礙線上課程示範教材，平台也可從中學習並建立 SOP，未來製作新的線上課程或修改舊課，便有設計原則可供依循。彙整課程數據後更能公開讓大眾使用，同時設計出可搭配使用的學習障礙輔助產品、建立出設計原則，並鼓勵更多無障礙線上課程從普通數位教材中改製或新製，增加特殊教育可用的數位資源。對於受多重障礙之苦的特殊需求學生，則需要跨領域如生醫、特教、心理、電機等學界共同投入方能解題，例如腦機介面（brain-computer interface, BCI）的研究，可能有機會幫助情緒障礙或視障同學，跨越溝通表意的鴻溝。傳統的線上學習研究，則需要進一步分析特殊學生的特質。例如，可能對部分自閉症同學來說，團體共學伴隨的社交互動焦慮，對他們會帶來很大的挑戰，這時候，非同步的線上課程，可能是有益學習的方案。

三、注意數位應用技能與識讀能力的落差

　　21 世紀初，北美與歐洲等先進國家的政府大多以為做好數位基

礎建設後，市場機制就能自動消弭數位落差。但荷蘭學者 van Dijk 提出警告：

> 在世界各地，數位落差仍然在擴張，已開發國家與開發中國家的差距越來越大。即便在已開發的高科技社會中，數位落差雖然停止擴張，但卻正在加深當中。

這是因為僅用持有硬體的比率來測量數位落差的思維需要改變。在解決了設備與網路連線的挑戰後，如何運用科技使用技能，成為下個階段數位落差需要面對的問題。同樣擁有數位設備，但大多時間用於生產力取向的人，和大多時間用於逸樂取向的人，最終獲致的地位就可能天差地別。

聯合國教科文組織資訊科技教育研究所（Institute for Information Technologies in Education）也在報告中強調，在數位科技環境下，發展中國家的「數位素養」差距不但是為政者必須處理的挑戰，政府更必須正視數位落差，才能替人民爭取公平參與全球事務的權益。

而在獲得充足設備與操作技能之後，師生如何在課堂中善用行動裝置，則是臺灣下一個階段需要克服的挑戰。國家發展委員會定期進行的「學生數位學習及數位機會機會調查」分別以資訊教師、一般教師、學生與家長等為調查對象，蒐集家庭成員使用資訊態度，並透過教師了解校園資訊環境與融入情形，後續更增加校長在資訊應用與融入教學的現況及看法。除了設備硬體的問題之外，師生應用數位科技的技能（如：會不會連接週邊設備、處理中毒）、電腦運用上的差異

（寫作業、打電動）以及識讀能力（如師生對數位隱私的自我保護、判斷垃圾或釣魚郵件、假新聞）等，是歷次調查中反覆出現的關注議題。雖然在中小學階段的科技領域資訊科有涵蓋上述議題，但是並不代表大學生或社會人士不需要提升數位應用技能與識讀能力。新冠疫情期間的各種謠言與假新聞、透過炒股釣魚訊息欺騙個資、拐騙民眾至柬埔寨從事跨國詐騙、或是娛樂網站如 Netflix，甚至是色情網站 Pornhub 的流量暴增，皆是「聰明用路（網路）人」的新挑戰。經由線上課程強化國民的應用技能與識讀能力，對於詐騙、釣魚、甚至人口販運的訊息流竄具備更高的抵抗力，是政府與學界必須拿出辦法的重大問題。

四、提高學習弱勢的線上學習動機

疫情造成大規模停課，使全國的學生有了不必在教室聽講，而是人手一機各自學習的機會。學習環境的巨大變動使得學生得在短期間對線上學習產生興趣，但想要維持學習動機，仍然必須回到「在學習上有成就感」的目標。否則「數位分心」或「數位不學習」反而會成為學習弱勢群體更大的阻力，而非助力。線上課程需要增加更多幫助學生個人化學習與自主學習的策略，並發展出針對不同學習需求或能力差異的課堂學習模組。例如，在線上課程中賦予學生「設計學習過程」的機會，從「師生共同參與設計」到「學生自己設計」，幫助學生發現自己的學習問題，並設法克服。或者是頒發數位徽章，讓完成

特定的項目、課程或者實踐活動的學生，能在社群網站中公開張貼分享自己在課堂中獲得的徽章。此外，將遊戲的設計元素例如促進競爭、故事化、人物代入感等，結合到線上課程中，也能提升學習動機。再者，平台可以善用網路世界組織「同溫層」的特性，讓對課程有興趣的學習者跨界形成網路社群，也是重要的策略。以英國線上教育平台 FutureLearn 為例，許多自主進度的磨課師外連到 Facebook、Twitter 或 Instgram 等擁有活躍學習者的社群平台，讓課程網站與社群網站相得益彰，都非常有參考價值。

第五章

完備終身
線上學習生態

當校園的線上學習機制逐漸完善，教學動能便能活用至其他學習族群中，發揮線上學習的優勢——打破時間與距離邊界、重複使用也不會增加成本，且投資報酬率將隨使用族群擴大而升高，提升總體效益。畢竟現在全臺近 90％的教學資源，全都投注在大學以降大約 20％的人口，若能將高等教育作為中堅力量，延伸至在職人士、終身學習、補救教學等其他群體，將能更充分地利用教育資源，使全體社會受益。以下將從終身學習、高中教育、開放教育等面向，探討線上教育在高等教育以外創造的效益與可能性。

5.1 在職進修與終身學習

臺灣的終身學習與在職進修需求在近年逐漸受到關注。首先是因為職場人士對於工作內容與職位的變化，以及跨產業轉職、跨域技能的需求度逐漸提升，即使步出校園仍需維持學習習慣，才能適應產業變遷與達成個人職涯目標。其二是臺灣的主力出口產業為科技業，企業若想跟上變遷快速的科技腳步，就需不斷發展新技術，並持續提高員工的技術能力以維持競爭力，因此提供員工在職進修實屬必要。更重要的是，島國臺灣要在國際立足，自然需要時時跟上世界發展，成為「快速跟進者」（fast follower），學習他國技術、引進學習資源，使國家發展不落人後。過去臺灣多以空中大學、遠端課程、企業內訓等方式實踐終身學習與在職進修，如今線上教育發展成熟，也逐漸嶄

露出線上教育適用於社會人士與自我成長等多樣化學習情境的特性。

一、無所不在的線上學習：空中大學與遠距教育

在大學入學門檻高、就學率低的國家，如英國與香港等，空中大學可達成良好的補救教學效果，幫助高中畢業後因故未能進入大學者在離開校園後持續進修，取得學位。也因為修課學生多為社會人士，空中大學一般採用遠距教學，從過往透過廣播、電視等媒介，逐年轉變為線上課程，也有助於提高空中大學的教學水平，以更多元的線上工具達成同步與非同步教學，提供不輸給一般大學的高品質課程。

各國藉由創立公開學校，提供多元化教育，讓有志進修的人士也能獲得高等教育機會，例如香港公開大學在 2014 年便成立創新科技與持續發展研究所、數碼文化與人文學科研究所等跨領域學位，甚至於 2021 年 9 月獲香港立法會更名為香港都會大學。1984 年由政府創立的荷蘭開放大學（Open Universiteit）的註冊生迄今達 25,000 人；日本的放送大學更是全日本規模最大的大學，平時學期的學生人數達 90,000 人；馬來西亞開放大學（Open University Malaysia, OUM）雖然定位為私立院校，但實為 11 所該國最好的公立大學共同資助成立，提供 50 個學位學程，招收超過 100,000 名學生。這些例子皆顯示出線上學習讓公開大學的觸角更能因應成人與繼續教育在各國蓬勃的需求。其中最為成功的典範，莫過於英國的開放大學（The Open University, OU）。

OU 是英國規模最大的公立院校，註冊學生將近 180,000 人，包含 25,000 名的國際學生。自 1969 年成立至今，以「對人群、地點、方法、觀念開放」（open to people, places, methods and ideas）為辦學理念的 OU，已經有超過 300 萬學子在此學習。其營運模式是以 8,000 多位兼任教師構成線上教學的主體，並輔以專職的各式學科支援人員例如各區教學中心課程助教、多媒體與影音教材製作專家、數位課程發展規劃師、教學設計師、測驗專家等，彈性地組織社會各界人士所需要的學習資源。OU 也在 2012 年創建磨課師學習平台 FutureLearn，並於 2016 年重組院系，以提供更多創新與高等學位（該平台近年已轉型為營利公司）。除了開放教育之外，校方也創立開放線上研究（open research online）、給公民的開放科學天文台（OpenScience Observatories）等，為不同需求的學生與民眾提供更多學習可能。

在臺灣，空中大學的優勢在各大學紛紛開辦開放式課程與磨課師等遠距教學平台後，逐漸遭受稀釋。當前一般大學的遠距教學平台可提供不遜色於空中大學的教學內容，部分課程更能得到學分認可，導致空中大學原有的學生群被瓜分；且臺灣的高升學率，也降低了需要透過空中大學取得學位的學生人數，使得空中大學近年的發展面臨諸多挑戰。

不過，臺灣的空中大學不屬於高等教育體系，適用的法律也不同，政府對空中大學的管理相對於傳統高等教育體系寬鬆。線上教育有助於空中大學發展更彈性的課程安排、輔以線上教學工具與既有的

實體教學地點，重新定位在教育體系中的角色，使空中大學具備良好的線上學習發展條件，若能活用此特點，尚有可能為空中大學帶來轉機。例如，空中大學不必開辦傳統的科系與學院，而可以扮演「數位學習策展人」，從全國甚至跨國地聘用兼任教師，設計面向世界趨勢與議題的課程及學位，以線上教學為主、線下討論與測驗為輔，辦理半導體、AI 等職場社會中有相關學習需求的學位學程；抑或可定期配合社會需求調整課程設計，並提供經國家認可的學位學程。這樣彈性與前瞻的「策展」，是一般傳統高教體系下的大學完全做不到的。空中大學確實有機會支持更多有學習需求的民眾，取得高品質且提供學位證書的教學資源，補上高等教育的制度缺口，甚至創造新的學習型態。

二、鼓勵在職專業進修

　　線上學習的多元內容、彈性使用方式以及相對低廉成本等特色，能滿足企業與員工對專業進修的需求，不僅可協助企業達成內訓目標，也適合本就以社會人士為主要學習客群的空中大學。不過，有些企業並不特別重視員工的專業發展，像是未建立「培育員工專業能力當作工作一部分」的觀念，因此較不願意投注資源在勞方身上，反倒誤以為提供金錢讓員工在上班時間培養專業技能，會降低員工的生產力，造成公司成本的負擔；加上臺灣工時較長，員工下班後希望保留更多時間休息，也導致較欠缺持續學習的動力。

但若以企業永續發展的角度來看，為員工提升專業技能，便可能為公司帶來更好的發展，因此資方支持勞方專業進修實在有利而無害。而線上專業進修的成本，又比實體課程低，很適合企業與員工採用，不僅無須重複聘請講師，且不會受限培訓的員工數，也不用負擔員工前往教學地點的車馬與差旅費，大大減少開銷。而且，線上學習不受時地限制，可開放員工於下班後自行使用，不會因此減少員工的工時、降低企業生產力。企業若是能再透過提供假期或津貼等誘因，例如完成線上課程並通過驗證後可取得休假，亦能提升員工的學習動力；或透過線上觀課數據與認證考核等機制，確保內訓的效果，達成勞資兩方的雙贏。此外，線上課程也能滿足企業對特定專業的教學內容需求，像是委派內部人才製作完全符合企業所需的課程，或引入大學充沛的研究教學動能發展新技術，也可與 Hahow 好學校等民間線上教學平台合作，提供更多元與豐沛的學習管道，提升員工全方位工作職能。

三、有數位教師才有數位公民

然而，要推動國人專業進修與終身學習採用線上學習的風氣，還需要強化國內數位教師的質與量，以利養成更多的數位公民，提升全體國人的數位素養。參看歐盟提出的公民數位素養架構（DigComp 2.2: The Digital Competence Framework for Citizens），要讓全民數位素養達到完善，除了需要社會提供的數位開放內容，例如開放教育資

源、磨課師之外，學校和教師數位素養也很重要。以上兩者不但是推展公民數位素養，如數位創業、數位消費、運算思維的基礎，「具備數位素養的教師」更是養成數位公民的核心人物，包含磨課師知識、運算思維、融入的磨課師或數位教育政策等，皆需要教師扮演推動、知識生產、內容轉化、領導轉型等關鍵角色。

　　既然教師在培養數位公民的各層面都擔任要角，加強教師的數位能力便是先決條件。歐盟進一步在提出的教育工作者數位素養架構（European framework for the digital competence of educators）中，鼓勵教師以其對於教育工作的專業素養與投入作為出發點，廣泛獲取有用的數位資源，並製作出可以提高學生數位素養的教學活動與評量活動，最後推動學生的數位素養。教師的目標，是將其所學展現於課堂中，並將數位教學知識散布給其他教師同行。一般要達成此一程度，教師須經過培訓完成四個歷程：(1) 為自己界定採用數位教學的目標；(2) 認識實施線上或混成學習的場景脈絡；(3) 熟悉線上或混成教學的策略；以及 (4) 在「新常態」中為自己做出真正的改變（teacher change）。這四個重要歷程要以支持線上或混成教學為前提來設計培訓課程，協助教師達成專業投入、數位資源、教學、評量、學習者賦權、促進學習者數位素養等六個不同的素養層次。

　　然而，臺灣的數位師訓挑戰並不是缺課，而是我們培訓內容並沒有意識到教師數位教學專業的養成，不是拾級而上的階梯，也不是打滿勾勾的檢核表，更非一個個工具或 app 的操作。每位教師在數位科技的「練功」歷程，更接近各異其趣的打地鼠遊戲，這也是為什麼新

興工具的培訓極易過時，合乎學術理論的培訓（如：TPACK 架構）卻又完全脫離現實；再加上填滿教師的「時數」、「檢核表」，還有等級（種子、幼苗、小樹、大樹）等背後實際上就是 KPI 的規範（甚者還規定全校通過率），無怪乎教師們不喜歡參加研習！

不過我們也必須幫教師們喊冤。大學教師是開放社會的公眾知識分子，當然對專業成長是有自我要求的，無奈錯誤的制度將大家專業成長的動機抹滅殆盡。本書主張培訓必須擺脫等級和填滿教師時間的僵化機制，特別是大學教師的教學專業發展（Scholarship of Teaching and Learning, SoTL）與中小學非常不同，除了滿足「技能的嫻熟」，也需要和大學教師溝通「知其所以然」的部分，不論是網課還是面授，教學增能都需要回到「大腦如何學習」的基本問題。2022 年 9 月，ewant 育網平台推出「大腦喜歡這樣學—強效教學版」，不僅快速獲得好評，更在 2023 年初加開冬季班，兩次共有將近 1,000 位教師選修。這堂課沒有綁 KPI，也並非任何政府強迫教師參加的培訓，但我們可以發現現場教師對腦科學的興趣極高，甚至共同為自己取了「優思特腦師」的社群稱號！

因此，為了支持「大學聯盟深化數位學習推展與創新應用計畫」之六大磨課師聯盟，ewant 育網平台繼續將該課程擴大為 Uncommon Sense Teaching（UST，中文簡稱優思特）：以大腦的學習為核心知識的數位教學增能系列。UST 系列課程是陽明交大與磨課師名師 Barbara Oakley 合作，將大腦怎麼學擴充為線上教師的增能課程，包括三個主題：UST0 大腦喜歡這樣學—強效線上教學（提供教師快速具備數位

教材與非同步教學實作力）、UST1 大腦喜歡這樣學—強效教學版（以大腦演化發展為基礎，認識 Z 世代學習者和教學挑戰）、UST2 大腦多樣性與社群學習（科技融入同步線上 & 實體教室情境下的數位教學），這三個課程圍繞大腦與認知科學基石，內圈是 UST 的知識基礎。外圈則邀請實務經驗豐富、榮獲教學獎項的教師分享操作實例，讓學生看見腦科學原理可以印證在數位融入教學的現場。

UST0 目標是希望在後疫情時代的教師們能悠遊自得的穿梭在實體、同步、非同步、教師指導、學生自學等多種教學情境中；也期許透過教師自行拍攝課程影片的課程，發揮讓學生願學、樂學的教學感染力。UST1 則是以個體的角度，探討大腦如何學習，善用數位工具，創造歡迎接納多元學習者的課堂。UST2 探討當代社群學習在數位趨勢中的價值與建立學生程序性習慣的多種做法，輔助多元學習者彼此共學。

數位教師的培訓「不但可以，也值得共享」，ewant 育網平台邀請大學聯盟的夥伴就聯盟內所設計的制度，考慮採納認抵學分。以三門 UST 課程來說，每課程皆可以根據時數採計 10 小時、一門課，或合計為 2 學分。雖然 UST 三門培訓課程以大腦與學習為共通的脈絡，但本身沒有特定先後順序、也沒有等級之分。因此，大學教師可以任選其中一堂為出發，若聯盟仍有階梯設計，或許可以考慮 UST0、UST1 適合初階，UST2 為進階。總之，UST 的培訓可以有效增益教師對線上教育的認同，而非僅成為線上學習工具的使用者，最終可達成教學目標，養成學生更全面的數位素養，推動學生成為數位公民。

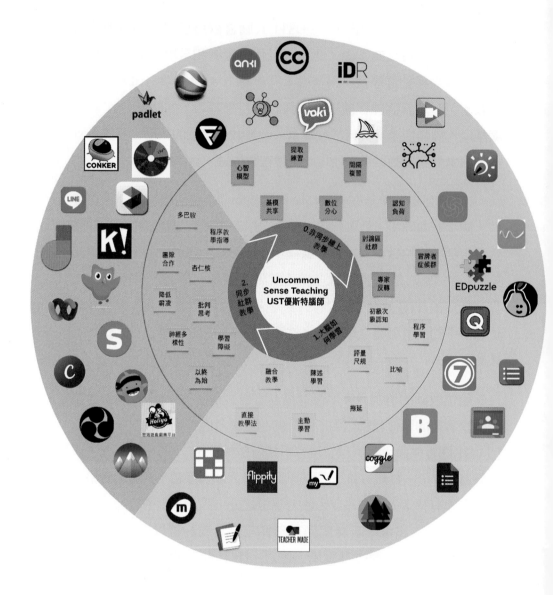

圖 5-1　優思特腦師 Uncommon Sense Teaching 的知識地圖。

5.2 線上學習向高中延伸

　　大學端的線上教育能量深度廣度俱足，故能為其他層級的學校尤其是高中提供協助，並拉近城鄉的資源落差，讓全體學生的受教權更加完整。108 學年度實施的十二年國民基本教育課程總綱強調「自發」、「互動」、「共好」，肯定學生是自發主動的學習者，學校的重要功能之一在於「善誘學生的學習動機與熱情，引導學生妥善開展與自我、與他人、與社會、與自然的各種互動能力」，從各個教育階段循序漸進地培養學習者自主行動、溝通互動與社會參與的核心素養。雖然新課綱帶給整體教育現場諸多挑戰，期待教學者和學習者都能夠持續地自我學習成長，經由內部、外部成員的高度互動協作後，最終能達到共好的理想。因此教育制度設計上諸多鬆綁、肯定彈性的政策與做法，都是為了打開學習自主多元的空間。從樂觀的角度來看，超過三分之一的學分交由學校決定之後，可以預見各高中將發展出因地制宜的特色課程。然而可惜的是，未必所有的學校都具備足夠的開課能量。

　　新課綱實施至今，不少報導顯示高中端的回應呈現 M 型化的狀態。師資優良的都會區明星學校，不但立刻由校內名師開設變化多端的特色課程，綁定有利升學的學習履歷，還能夠商請頂尖大學的教授到校授課，鞏固名校優勢，更以此作為招生的招牌；反觀社區或偏鄉高中職在長期師資不足的條件下，只能暫時以「選修課高二、高三再開」作為校方開課數掛零的理由，或因為開課數不足，事實上全校學

生根本無「選」擇空間，更別提小校教師人數少，難以開出 18 學群都有對應的課程。即使在課綱上路四年，第一屆畢業生也上了大學，提供特色課程仍然是各高中的重大挑戰。

即使是明星高中與頂大聯盟合開選修，其招收人數也有限，選到的學生歡欣鼓舞，選不到課程的學生和家長則莫可奈何。近年來，多個地方政府出手邀請頂大共同召開記者會，宣稱大學教授將到轄內高中授課，嘉惠學子，但大學教授的研究、教學、服務壓力早就喘不過氣來，即使大學校長打包票，也改不了教授們分身乏術的現實。或許迫於政治人物期待，初期真能有幾位指標性的教授開課，但終究不可能持續太久。這些現象，其實都指向一個核心且長期累積的問題——教學資源落差過大。「打開教學／學習空間」對偏鄉與資源不足的學校來說，反而加劇與明星高中的落差，而明星學校的開課設計即使具有追求卓越的出發點，但資源也僅能供校內少數菁英學生使用，說明了這些優質校訂課程在實際操作上很難擴大影響，讓更多學子受益。

事實上，自教育部於 103 年度執行數個磨課師計畫之後，臺灣各大學已經開發、累積、上線實施非常多精采而多元的課程。利用網路無遠弗屆、方便分享的優勢將各大學充沛的多元教學能量拓展至各地高中；大學教師與高中教師成為伙伴（university-school partnership），由大學提供支持，輔導高中教師轉化磨課師為自己高中的選修課程。另一方面，在轉化課程或自行開發的過程當中，高中教師也需要獲得線上學習的專業培訓，使其具備有效實踐且滿足各校多元課程實施步驟與辦法的能力，才是既能夠拉近資源落差、擴大高

圖 5-2　ewant 育網平台鼓勵高中生善用自主學習時間來體驗大學課程。

中教師影響力，最後達成支持高中自主多元開課量能，也培養出具線上教學知能高中教師的做法。

一、高中校訂多元必、選修

　　《同行：走進十二年國民基本教育課程綱要總綱》一書提到，新課綱對於高中階段的主要變革有三項，分別為考招連動、超過三分之一的校訂必選修，以及上傳學習歷程檔案。這三個變革看似方向不同，事實上息息相關。新課綱希望在質重於量的原則之下，引導學子豐富自己的學習成果、重視多元表現，並將求學過程記載於學習歷程檔案中。這樣的制度設計有兩個主要目標，一是深化課程實踐，透過記載學習歷程成果，展現部定學科考試成績以外的多元學習表現，避免「考試不考、學生不學」的窘況；二是從多元課程落實多元評量，這也是新課綱所欲引導的整個學習走向。學習歷程檔案一方面在展現高中學習個人特色和適性學習軌跡、回應新課綱的校訂課程；另一方

面用於強化審查資料的可信度、補充考試無法呈現的學習效果。

　　若說學習歷程檔案是將學習權交還給學生，校本課程規劃就是將教學權放寬給學校。若要開設校本課程，要由各校自行規劃之後，每學期由授課教師填寫校訂課程規劃表，由各校的課程發展委員會（簡稱課發會）審查，統整撰寫學校課程總計畫書。而各校將完成並經過直轄市教育局或國教署審查、報備手續的課程計畫書上傳至課程計畫平台，公開並提供給國高中學生與家長參考。課程計畫平台將為每所高中提供的課程計畫及課程編號建置索引，讓各大學院校科系可查詢課程內容；而各校每學期透過校務行政系統蒐集學生的學習歷程，回傳至學習歷程資料庫，最後招聯會則將報考學生所自行勾選的學習歷程資料，傳給大專校院各科系（圖5-3）。

　　由此可知，校訂課程發展與開設的成敗，將影響到學習歷程檔案與考招連動的執行。若無法開設校訂必、選修，或全國開課內容大同小異，走不出部定課程的框架與限制，都將限縮學生的學習經驗，影響到學習歷程檔案的品質，最後身為招生端的大學將難以運用學習歷程檔案的質性資料挑選適合的人才，只好又回到指考或學測、甚至自辦學力測驗的考試成績，將使得課綱變革的美意難以實現。

　　在總課綱規劃的架構當中，以普通型高中而言，除了原有的部定課程（共同課綱）之外，校本課程分為校訂必修、補強性選修、多元選修，共62學分，再加上不計學分的團體活動和每周二至三節的彈性學習節次，也就是說，新課綱的部定課程在高中三年所占的學時，

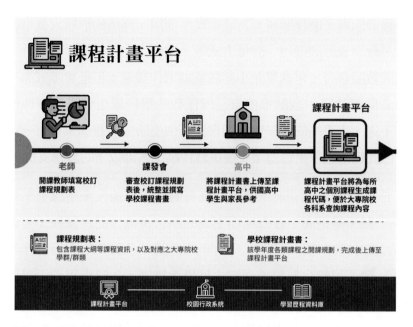

課程計畫平台

老師
開課教師填寫校訂課程規劃表

課發會
審查校訂課程規劃表後,統整並撰寫學校課程書畫

高中
將課程計畫書上傳至課程計畫平台,供國高中學生與家長參考

課程計畫平台
課程計畫平台將為每所高中之個別課程生成課程代碼,便於大專院校各科系查詢課程內容

課程規劃表:
包含課程大綱等課程資訊,以及對應之大專院校學群/群類

學校課程計畫書:
該學年度各類課程之開課規劃,完成後上傳至課程計畫平台

課程計畫平台　校園行政系統　學習歷程資料庫

圖 5-3　從課程計畫書的移動,可以看見校訂課程對於高中課程改革的重要性。

已經減少至不到全部的三分之二。因此,校方必須要新開設超過三分之一學分數的 1.2 到 1.5 倍,同時達到 75 至 93 學分的課程,方符合教育部規範。各高中要自行開設新類型課程,不管從質、從量而言,對學校來說都是嚴峻的挑戰。

為了讓更多學生可以及早學到有用的學習知識,不少高中採用成本較低且導入門檻也低的線上教學,並媒合教學資源充沛的大學端,開設全新課程。「雙師攜手數位樂學」計畫就是由大學提供教學資源給高中使用,於 108 學年度第一學期試辦,至今已經有近 200 所高中

以各種形態導入磨課師資源為高中職生運用。應用的形態大抵是課程教材、教學資源的選用、評量方式等，原則上由大學端提供設計模版給授課教師參考，包含單元小測驗或期末作業等；但是實際細節，則由負責開課的高中教師根據自己所任教的學校學生與班級特性作調整。不過，大學端的教學情況通常與高中生所需的教學素材有一定落差，因此線上教學平台還需要提供夥伴高中教師以下的教學支援：

1. 教材與活動開發：磨課師既有的學習資源大多是線上學習活動，但是高中教學現場主要的學習情境是面授課程，因此要如何將一對一練習、一對多的短講、多對多的小組合作等實體課程轉化為線上課程才是最大挑戰。這時大學端可以透過開設課程和修課大學生共同編製發展教案或活動案例，讓高中教師能站在大學端發展完善的素材上繼續往前，並開發出自己的獨門活動。

2. 課程轉化工作坊：為幫助大學端更了解高中的學習需求，可以安排參與計畫的大學與高中教師見面溝通，了解現場教師需求，說明大學端可以提供的課程、教材、活動設計等資源，並根據參與人數的多寡，設計與辦理教師增能活動。

3. 線上社群經營：長期而言，這些工作坊最終將促使教師們建立出一個教師社群。學習者經由線上學習平台來參與磨課師；同理，也可以運用線上學習平台建立包含師資生與高中教師的線上社群，提升不同族群的教師相互交流，達到資源用享、擴大使用效益的效果。

4. 教學觀摩與交流：俗話說「獨學而無友，則孤陋而寡聞」，各校可在學期中及學期末定期分區或集中舉辦課程交流觀摩討論會，並在網路上分享不同課程的設計及經營方式，幫助他校教師從中挖掘出最適合自己班級的教學，也提供師資生入班觀摩的學習機會。

要推廣線上課程，除了要依靠教師的努力，還需要平台提供的科技與行政支援。以「雙師攜手數位樂學」與「高中數位學習平台啟動計畫」為例，陽明交大的 ewant 育網平台提供各種技術與行政的支持，分別為：

1. 完整課程試聽：於線上平台完整公開高中選用的磨課師課程教材，讓參與計畫的夥伴高中教師能提前觀看、試聽及提出問題。

2. 課站複製服務：待夥伴高中確認選用課程後，由陽明交大為其開設專屬的線上課站。夥伴高中必須提供選課學生的名單與信箱，並由陽明交大進行課程加退選，讓選課學生可以順利進入平台觀課及參加各項線上課程活動。

3. 學期技術支援：學期正式開課後，繼續提供夥伴高中授課教師支援，選課學生可進入平台觀課及參加線上課程活動。

4. 學習履歷數據：提供夥伴高中教師各項有關學生線上學習的學習履歷數據，協助高中教師動態追蹤學生學習狀況及調整教學進度。

5. 建置即時客服：提供線上直播的教師培訓課程，高中教師可

以透過線上觀看及互動提問，分享授課時遇到的技術問題。若是直播時間無法配合，也可隨時觀看師培課程錄影影片。

6. 行政文件製備：配合高中多元選修的規範，撰寫課程綱要與教案初稿，協助高中多元選修授課教師規劃課程進度，依內容章節擬定 12 至 15 週的課程規劃，並交付高中教師作後續調整，加速課程申請流程。

磨課師等學習平台可跨越地域限制，讓願意從事線上教學的高中教師獲得平台技術與培訓上的支持。高中擁有自己的平台服務和教學支援，日後就能依照學校的發展特性、學生的興趣、教師主導課程多寡的意願等需求，協助高中加深加廣多元選修、校訂必修，或是學生的自主學習計畫（圖 5-4）。

不過，即使將大學製作的磨課師課程導入高中，但有一些新興或有高度學習需求的課程領域，可能尚沒有可對應的課程。例如，高中生對於醫學系所趨之若鶩，但醫學系的大學教育專精與分工程度甚高，且醫學相關課程也非高中師資能夠開設；又如，近年生成性 AI 迭代發展迅速，知識換代極快，即使數年前曾有磨課師課程，但恐怕也已過時。因此諸如「醫學概論」、「人工智慧導論」這方面的課程，仍然需要由大學策略性的與高中合作，由大學教師組織科目知識，高中教師協助調整學習階梯與教學方法。ewant 育網平台推動的「大學與高中共創線上學習計畫」（University/High-school Collaboration On Online-Learning, UHCOOL）就是利用數位資源，配合線上與線下的虛實整合，大學甚至業界才有可能持續或甚至擴大對高中提供支援。 UHCOOL 結合大

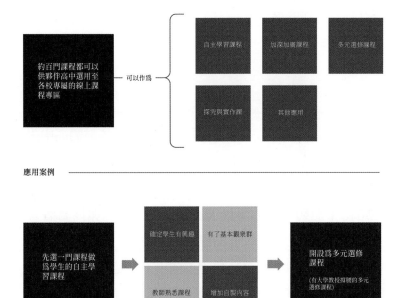

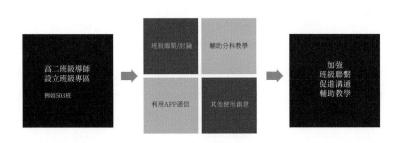

圖 5-4　大學磨課師有多樣資源可以多重運用。

學、高中、業界三方，共同為高中職的需求設計與製作適合多元選修或加深加廣的數位課程教材，並建立大學與高中教師利用數位學習平台持續互動及合作的機制。

二、高中自主學習

線上課程不只是幫助學生獲得知識內容，也能鼓勵高中生逐步自主學習。疫情下的線上課程帶給學生最大的體會即是「自律」，讓學生在脫離「有教師的教室」情境之後，面對如何「自己學習」的挑戰。在這當中能夠自律的學生，也能規劃、管理與控制個人學習進度，並在指導與輔助程度較弱的線上學習環境中，學習表現更好。當前社會有各種融入科技的線上教學方式，不論是臉書社群營造、基礎知能的預備，例如實驗室安全規範說明影片、悅趣化數位學習、線上形成性評量等，都是教師從講授者與帶領者的角色退位，經由科技輔助的自學情境，加深學生學習效果；加上政府也已規劃相關方案，落實新課綱高中自主學習的目標，為教育注入嶄新的教學能量。

目前臺灣有兩個科技輔助自主學習推動方案，分別是 2020 年開辦的「高中職科技輔助自主學習推動計畫」與「教育部科技輔助自主學習推動計畫」，在高中職與國中小兩個教育階段，培養教師帶領學生的自主學習策略，並將其整合到科技中，養成學生「自主行動」及「溝通互動」兩項核心素養，而此兩個計畫重要精神亦納入之後全國實施的「數位學習精進方案」中。學生在學習之道上自主前行，教師

才有更多的時間成為自主學習課程的設計師與學習者的「自主學習教練」，在旁陪伴卻不必成為時時帶領的「直昇機老師」，實現自主學習的真正意義。不論是新課綱在狹義學校教育裡所界定的自主學習，還是廣大學習者運用教育科技的線上自學，「線上教學」要能實行，都必須建築在學習者具備自我監控及學習責任感，能夠在學習環境完備、不一定有教師在場的情況下，仍能有好的學習經驗。也如同前節所述，疫情的出現凸顯了線上學習足以擔當輔助正規教育教育的潛力，但這個成長經驗必須需要教師跟學生都願意跳出舒適圈，甚至讓教師成為線上學生——若教師自己也經歷過線上學習經驗，將更能支持線上教師具備線上教學知能。

三、大學先修課程

　　線上學習能協助高中生獲得更豐富的校內教學，也能及早接觸大學課程、無縫接軌升學。例如透過大學既有的開放式課程與磨課師資源，開放高中應屆畢業生、大學準入學生於暑假先行修課，完成課程並通過評量後取得成績，並在入學後認證核抵學分。這類型的大學先修課程多以通識教育為主，一是因課程特性較適合，二是學分採計較為容易。通識課程為教育部規定各大學必備的課程類型之一，一般情況下，學校需聘用專任教師授課，但若能透過線上學習平台與他校合作，就能以較低的成本達成同樣的教學效果。此外，通識課程的學分認證以學校為單位，只要校務單位通過認證，校內的各系所皆可採計

學分，適用於跨校修課。但若為各系所各自開設的課程，如微積分等，就需要校方逐一向系所取得許可，才能列入學分計算，且因這類型的課程事關系所專業，由系所主導辦理為佳。因此，通識教育特別適合作為大學先修網路課程，一方面學生不會虛度入學前的假期，另一方面校方也能在開學後專注於其他科目的教學，藉由不同學校間的合作，提供學生更多元的修課選擇，補足不同學校的教學內容缺口。

如前面介紹過的陽明交大暑期線上學院就媒合全國 43 間大專校院，使用 ewant 育網平台，提供 20 堂遠距同步／非同步的線上通識教育課程，吸引超過 2,000 名學生選修，其中有四分之一的學生為應屆高三畢業生，至 2021 年，學生人數更是直接增漲 50％達到 3,000 人，將近 30％為應屆高三畢業生。這些高三學生已經由學測跟繁星等管道錄取大學，可修習大學先修課程、在入學後抵認新生先修學分，提早成為大學生。

5.3 深化開放教育運動

現階段的線上教育多投入於在職進修、終身學習、高中教育等領域，顯現出線上教育的多種可能性。如此百花齊放的成果也是時候重新思考一切開端——開放教育運動之於臺灣教育的價值。開放教育的精神在於人人都享有終身學習的權利，應將此一精神，繼續透過開放式課程與磨課師等方式，落實在社會的各個層面，達成教育平權。

一、重新界定開放式課程的價值

開放式課程（OCW）的價值之一在於只需要少量的成本，就能實現大量的教學成效，因為其大多由既有的實體課堂錄製編輯而成，不需要教師重複設計課程，因此製作成本較互動性高的磨課師低。一般一小時的磨課師課程成本為 5 萬元臺幣，一套課程動輒百萬，但一週三小時的 OCW，成本大約只有 10 萬元。且將課程上架平台後，教師也不需要另外提供學生互動與支援，因此維護成本低。此外，OCW 目前主要使用者為學生，使用者量大且來源穩定，由於學生族群的需求會長期存在，因此 OCW 的需求不會因時間變化而萎縮，通常一推出課程，就能吸引數百位的學生修課。學校甚至可以重複使用同一堂 OCW，有需要時再重新錄製即可，成本低廉。

綜合上述，OCW 能在不影響學校辦學成本的情況下，擴大教學效益，並讓教學內容觸及他校學生，甚至是校園以外的群體。另一個鮮少為人所知的效益，是 OCW 可以成為大學鮮活的「教學校史館」。過往，校史館只能是靜態陳列的實體建築，但錄製 OCW 的教師，其實也留下了他最真實的課堂教學影像。例如，全球知名的陽明交大電子學名師陳龍英教授，在離世之後，大量學子湧入 OCW 平台觀看先師的電子學課程，故舊門生緬懷自己求學時期的親炙之情，慕名而來的年輕學子則透過課程一窺大師風采。OCW 在教育體系中，不但是與實體課堂並肩齊名的選擇，也擁有不可取代的地位。至於 OCW 互動性低、教學活動不夠多元等不足之處，則能由磨課師彌補，兩者相輔相成。

二、在全球磨課師運動中展現臺灣特色

磨課師至今不但吸引了破億的線上學習者，各國政府也投入課程的開發與播送，使磨課師從「高等教育對全民開放」（higher education for all）成為全民終身學習的代名詞。磨課師的上課型態可讓教師不必受限於教室的框架，能達成傳統教育以外的目標，因此與OCW目標的學生族群不同。磨課師可適用於各類型的學習者，並幫助學習者在「面對不斷變動的還境」中能夠持續自學進修，增進個人競爭力。面對未來學習者對學習應具有「多元內容」、「彈性學習步調」、「即時的機會」、「創新知識」等需求，大規模開放線上課程也就是磨課師，成為極具願景的解決方式。

有學者指出，磨課師擁有規模龐大、理論上無註冊上限、開放且允許任何人參加、一般而言不收費、學習活動基本上以線上方式進行等特性，並且以一門一門設定好學習目標的學科組織而成。

基於最初強調對所有人免費開放的特性，磨課師是否或如何能夠永續經驗既是主政者擔憂，也是研究者另一項積極探索的議題。談及磨課師的永續經營，實務工作者大多在思考包含機構、平台、學校等服務提供者，該如何以健全的財務運作來維繫供課的穩定，並分析行銷策略的可行性。從介紹學生給潛在雇主、以證書收費、取代校內面授學分課程、開先修課、訂閱制等手段等，都是磨課師可能採用的商業模式，畢竟即使是慈善機構也必須有健全的財務基礎方能永續經營。不少學校開始開發其他類型商業收費模式的磨課師，如免費、無

學習期限、以失學者為對象等。高等教育從質疑、趕搭順風車、到投入磨課師甚至融合到學分學位系統，顯示出磨課師的教育模式已獲社會接納。磨課師不再被視為一種教育革命，而是協助高等教育整體改變的藥引。

檢視磨課師至今的發展過程，可以見到磨課師的學習情境，對於任教的教師和前來求學的學生，都帶來不同的挑戰。對教師而言，製作教材與設計活動相當耗費心力、時間；對學習者來說，由於來自不同年齡、工作環境，組成樣貌多元，不同於一般學生將學習視為首要任務，磨課師學生難以將學習排入較為優先的個人待辦事項。不僅如此，大量的使用者，也使得師生之間難以順利經營虛擬社群，若無恰當的支援幫助學生提升學習動機、滿足社交需求、協助克服困難，學生就難有舒適的學習經驗。因此，對磨課師課程成效最常見的批評就是其輟學率非常之高，不過亦有學者認為，拿著傳統「有圍牆、給學位」的學校教育標準來看待跨越時空限制的磨課師並不公平，畢竟很多磨課師學習者有自己的學習目的與規劃，故只選擇自己想要修習的單元而並不打算繳交作業或完成全部課程。從這個角度來看，學生取得所要的知識之後離開，未必不能也認定為一種成功的學習結果。

磨課師發展十多年，兩種不同的模式已漸趨穩固，分別為歐美以外的其他國家接受西方思維的「美式巨型磨課師」，以及區域發展碎裂的「多元小磨課師」，究竟在光譜兩端之間，磨課師的課程發展是否有其他的可能？部分樂觀者相信，讓巨型平台如 Coursera、Udacity、FutureLearn 等提供多語系介面，就能提升全球學習者共享

高品質教育的機會；反之，批判者則主張應該要拒絕西方文化霸權的宰制，構建發展在地草根、眾聲喧嘩的中小型磨課師課程。但這兩種方式其實都有偏廢，真正想要貼近學習者需求的課程開發模式，應該採取原課程教師與其他文化或語系的教師協作，共同進行課程的再發展，規劃出多樣的跨文化姊妹課程，營造磨課師教師社群的生態系。將原課程重新開發、改編成適合本地學生學習的內容；臺灣也應積極開拓華語區的影響力，建立臺灣磨課師的成功之道。

5.4 實現臺灣共享教育

　　與先進國家相比，臺灣的高教投資確實不足，雖然臺灣高等教育在每位學生的年平均投資遠低於中國前段大學，所幸望其成果，仍能有相抗衡的表現，這代表臺灣多數大學已經將經費效益發揮到極致，但也因為如此，臺灣教育需要另尋策略強化競爭力。我們應該重新思考以「共享教育」的模式，透過網路與數位教學成熟的契機，一方面打造品質夠好的磨課師課程並分享給資源不足的學校，另一方面透過優秀的磨課師課程，讓臺灣在世界高等知識的教育內容提供者上占有一席之地。

　　長期而言，若臺灣高等院校所開設的課程，不只能跨校分享、受到認證，甚至能在中國被承認為正式的學分，將有助於提升臺灣磨課師的影響力。為此，臺灣教育行政主管機關和大學院校也該思考，是

否應擴大採認經得起品質驗證的全線上學分課程，甚至是全線上學位學程；大學院校在少子化趨勢中，是否應該透過線上教學策略來爭取生存機會，並鼓勵臺灣的大學院校在傳承華人的知識上繼續扮演積極角色。我們相信，若能在前人創發的知識基礎上，把握國際合作的機遇，假以時日，臺灣一定可以成為提供高品質磨課師課程的領先內容品牌。

第六章

創新科技催化
教學新常態

COVID-19 雖對校園產生巨大衝擊,卻也帶來新的線上教育模式與技術契機。隨著「ON 世代」(always online generation)對科技的重度依賴,學生對線上課程中的虛實整合、搭配 AR、VR、MR 等 XR 技術的互動模式,以及電子、資通及軟硬體技術更加熟悉,加上 5G/6G 通信系統的快速發展,線上教育在疫後將更加多元與穩健。本章將討論許多前瞻性線上互動的「概念車」模式,指出要實現無縫學習上所需要配合的軟硬體技術規格等,包括低延遲、同步 5G/6G 通訊技術、聲訊/視訊信號處理技術、網路技術、APP 技術、生成性 AI 等,期待臺灣線上教育能領先國際、開創新局。

6.1 5G 與 6G 技術的嶄新機會

一般大眾對於 5G(5th generation mobile network)的印象是「比 4G 快」,那麼下個世代的 6G 一定比 5G 快。但是「快」只是 5G 帶來的唯一改變嗎? 5G/6G 為線上教育帶來哪些機會?

5G 技術雖然已經推出數年,但是近期才經由更換行動網路無線基地台等網路基礎建設,逐漸在先進國家普及。根據美國聯邦總務署的統計顯示,5G 經過三年半的建設時間,在 2021 年已覆蓋全球 10 億人口。在傳輸頻寬上,5G 傳輸速率是 4G 的 10 至 100 倍,每秒可達 1Gbps 以上,基於大頻寬的特性,5G 訊號最低傳輸時間為 1 毫秒,相較 4G 的 10 毫秒確實加快許多,再加上 5G 能在每平方公里的空間

中支援上百萬個裝置連結，為新時代的科技劃下新里程碑。若將網路速度比喻為行車速度，那 4G 就是在一般道路上行駛，5G 則是在高速公路上奔馳。

5G 技術成熟有三個主要特徵，分別為增強行動寬頻（enhanced mobile broadband, eMBB）、超可靠低延遲通信（ultra-reliable low latency, uRLCC）與巨量多機器型態通訊（massive machine-type communications, mMTC），在通訊產業受惠於 5G 時，6G 技術已同時因臺、美發表將於 2024 年前後推動，而成為話題。例如聯發科技在 2022 年發表的《6G 願景白皮書》指出，6G 資料傳輸速率超越 5G，將是 5G 的 10 到 100 倍；6G 的頻寬會從 5G 的 30 GHz，增加到 50GHz 以上。因此，6G 在 5G 的基礎之下，將從 eMBB、uRLLC 和 mMTC 等三大主要的技術再進一步拓展。

5G/6G 展示出超高速、低延遲及廣連結的功能，同時也向數位學習的深化運用伸出橄欖枝。以往受限於網絡傳輸速度，影像傳輸容易延遲的狀況在 5G/6G 新技術的推出後，終於被克服，早期僅能單人使用的虛擬實境教學，已可改為異地多人的 VR 合作學習；以往只有教室能提供穩定的智慧照明，也已經能透過全面接線的智慧燈具與感測器，實現在異地 VR 體驗。而當今的 3D 立體投影技術在遠距會議的實作上，使用者不需要配戴裝置，便能「看」見彼此，也許未來所有學生都能在同個「教室」同一時間上課。

甚至，行動學習打破空間限制的特性，更在 5G/6G 的無線網路基礎下發揮更大功用。不僅 3D 投影的人物、物件可以由行動裝置

「帶著走」，不必受限於有線網路的室內空間。若學生在一堂線上書法課中學習，大師的預錄或同步身影，便可直接走入遠距學生的寢室，親自示範書寫的握筆與運勁；瑜珈老師亦可獲取遠端學生的 3D 投影，在學生做出錯誤動作時，即時提供正確的回饋；或是在偏鄉醫療人力不足的地區，衛生所護理師可協助操作設備，透過 5G 連線至教學醫院，由醫師進行視訊看診與理學檢查。5G/6G 網路創造了劃時代的發展機會，將使上述提到的沉浸、多元及智慧線上教學方法，成為學習情境的新常態。

6.2 真同步線上學習體驗

　　新冠疫情全球大流行，造成生命折損，也衝擊當前社會的運作，帶來深遠影響。2020 年 2 月底曾來臺灣演出的澳洲音樂家布萊特狄恩（Brett Dean）在結束演出回國後，於 3 月 5 日確診感染 COVID-19，因為其曾在國家音樂廳與國家交響樂團演出，「意外群聚」對閱聽大眾、藝術行政機構以及表演藝術團體皆帶來莫大衝擊。社交距離成為疫情期間的熱門關鍵字，人與人之間必須時時「保持距離」，在那幾年，藝文團體想要實體演出，幾乎成了不可能的任務。

　　然而，危機也是轉機，社交距離觸發了「同步體驗」科技的需求。過去，線上體驗存在著秒差、需要配合頻寬壓縮影音檔案，或是取樣訊號難以全數播放等各式狀況，當實體交流作為溝通的主要媒介

時，這些線上的不完美體驗被視為無可避免，也只能忍受。而那些不願意讓原始聲光檔案遭到壓縮、變聲、甚或刪除的創作者，只要不使用數位科技作為溝通或展演的形式即可。 不過，疫情中斷實體溝通的機會，也帶來電影、表演藝術、合唱、古典音樂、學習等相關產業對同步影音的高度需求。所幸，影音同步技術的大幅進步，促進了線上學習的「真」同步體驗，特定講究低延遲網速的操作及教學情境，例如 VR、音樂練習、藝術創作、教學醫院、電競，或國防層面的多軍種同步聯合作戰等，也獲益於低延遲網速的發展，為線上學習創造更多可能。

一、聲訊同步與表藝科目線上教學

現今的手機依賴 VoIP（Voice over Internet Protocol，基於 IP 的語音傳輸）技術，不僅能一邊移動一邊使用 Google Meet、Zoom、Webex 與 Teams 等會議軟體，還能不間斷地傳輸即時影像，其優點是不占用專屬線路，且網路頻寬比傳統電話交換機大。不過，也因為此一特性，VoIP 最大的缺點正是沒有專用線路，因此可能遭其他網路流量占用，造成傳遞系統不穩定與延遲。解決方法之一，是做好音訊的前處理，提供使用者更佳的音效體驗（如避免回音、去雜訊等），但聲音訊號的處理會增加串流時的延遲，所以會議軟體會犧牲部分的即時性，換取更好的音效，使會議、討論或報告順利進行。

另一個處理做法則是音訊的壓縮與採樣。採樣是只留下人類發音

與聽覺可資辨識的音質（如去除高低頻），將其數位化為封包傳送出去；而破壞性的壓縮法以更高的壓縮率交換對降低對頻寬的需求。會議軟體除了語音之外，因為考慮視訊的壓縮解壓縮處理的複雜度遠大於音訊，為了讓一定比較慢的影像可以跟聲音「對嘴」（lip synchronization），故對音訊尚需進入緩衝器（buffer）等待，刻意讓音訊延遲來等待影像同步。這是因為音速並不快，在攝氏 0 度乾燥空氣中，速度僅為每秒 331 公尺，加上音訊延遲不可避免。國際電訊聯盟（International Telecommunication Union, ITU）認為，絕大部分用戶在秒差不超過 200 毫秒（200ms=0.2s）內，並不會抱怨延遲的問題，並在其音訊標準 G.114 指出，超過 400 毫秒的延遲才會不符即時通訊標準（ITU-T，2003）。不過專業音樂表演者可以察覺低至 25 毫秒的延遲，且會因聲音的「出戲」而感到困擾，像是在疫情期間不少音樂或表演藝術的教學通常只能選擇停課，無法如其他科目一樣改採線上教學，以免造成體驗的破壞及失真。

　　儘管在疫情之後，主流會議軟體注意到這個問題，提供使用者「取消」這些處置效果的選項，還原聲音體驗。但是，樂手、歌者和音樂教師只能接受這個「改進」嗎？是否除了「原音重現」之外，還能降低即時音訊的延遲問題，把每一個孤獨房間裡的時間，即時地在彼此之間交換，交織出虛擬的現場「同步感」？音訊數位化之後的資料量遠小於視訊，是較容易突破之處。不過，解決音訊延遲看似比解決視訊延遲單純，但仍然複雜萬端，這是因為：

1. 旅程中每一個環節都可能造成音訊延遲，幾乎可以說縮短秒

差需要巨大的努力，若有一個環節只是 15 秒延遲，但只要人耳可以察覺，那縮短秒差的努力就前功盡棄。

2. 使用者難以確知音訊在哪一個地方、或是多個環節遭遇延遲。

3. 廠商宣稱的硬體或軟體秒差僅是單一環節的最佳表現，這些資訊少有精確的價值。

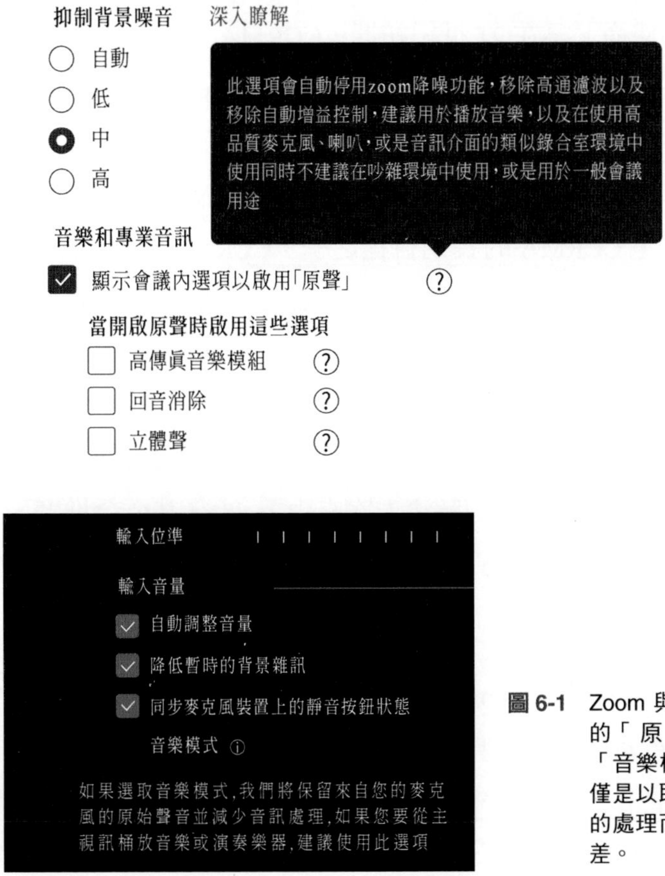

抑制背景噪音 深入瞭解

○ 自動

○ 低

◉ 中

○ 高

此選項會自動停用zoom降噪功能，移除高通濾波以及移除自動增益控制，建議用於播放音樂，以及在使用高品質麥克風、喇叭，或是音訊介面的類似綠合室環境中使用同時不建議在吵雜環境中使用，或是用於一般會議用途

音樂和專業音訊

☑ 顯示會議內選項以啟用「原聲」 ⑦

　當開啟原聲時啟用這些選項

　☐ 高傳真音樂模組　　⑦

　☐ 回音消除　　　　　⑦

　☐ 立體聲　　　　　　⑦

輸入位準　　｜　｜　｜　｜　｜　｜

輸入音量　　　━━━━━━━━━

☑ 自動調整音量

☑ 降低暫時的背景雜訊

☑ 同步麥克風裝置上的靜音按鈕狀態

音樂模式 ⓘ

如果選取音樂模式,我們將保留來自您的麥克風的原始聲音並減少音訊處理,如果您要從主視訊桶放音樂或演奏樂器,建議使用此選項

圖 6-1　Zoom 與 Webex 的「原聲」或「音樂模式」，僅是以取消聲音的處理而減少秒差。

基於上述原因，雖然延遲的測量數據很容易找到，但可信程度相對只能參考而無法確信。

所幸，音訊同步技術已經獲有決定性的進展。其中領先者之一，是 Jacktrip 基金會（https://jacktrip.org/）。該基金會是史丹佛大學音樂聲學電腦研究中心（Center for Computer Research in Music and Acoustics, CCRMA）與業界共同成立的非營利組織，以音樂科技的創新與推廣為使命。早在 21 世紀初期，CCRMA 主任也是史丹佛大學音樂系的 Chris Chafe 教授，就在設想突破實體的時空侷限，經由網際網路達成跨洋的音樂表演、合作與交流。為了實現在線上進行藝術表演，將確保高品質音訊（HD audio）以最低的延遲在各演奏者端點之間交換，是 CCRMA 的長期目標之一。CCRMA 測試過各種 peer-to-peer 架構、最佳化樹狀架構、client-server 架構等不同的方案，目前較為成熟的是 Jamulus（以使用者端點之一為伺服器和其他使用者既有的電腦連接，無其他新硬體加入），以及 Jacktrip（以樹莓派機版製作專屬音聲傳遞的小型主機，並與雲端伺服器交換訊號）兩種解決方案。CCRMA 將這兩個解決方案交由 Jacktrip 基金會推廣，同時基金會也完全公開自製硬體、自架伺服器的選項，並開放原始碼（https://jacktrip.github.io）向外界分享 CCRMA 的研究成果。

JackTrip Virtual Studio Device 為一個低延遲、高品質音訊的線上音訊盒。除機盒本身，尚須 IP 分享器、麥克風及耳機。若只用聲音，機盒能獨立運作，不需要額外的電腦參與音訊處理。許多音樂愛好者已透過 Jacktrip 進行遠距公開表演，從雙人器樂演奏、小型合唱與近

百人的大型合唱，其中小型合唱之影片內容與 zoom 實際比較，亦可以見到 Jacktrip 顯著縮小聲音延遲，使合唱、合奏、音樂學習在網路上重新成為可能。

　　Chafe 教授指出，延遲無可避免，處理對策不外乎忽略、容忍或削減。目前 Jacktrip 的做法至少可以把秒差削減到可容忍或可忽略的水準。小部分或穩定的秒差，傑出的音樂家尚可以借用在實體演出時克服拍速不穩定的高超演奏或指揮技巧克服，確保合唱或合奏的效果，或者至少同步樂手歌者在某個延遲的定值，就察覺不到延遲。在 Jacktrip 有效降低延遲之下，伺服器提供較高的取樣率（higher sample rates）與更小的緩衝器（lower buffer sizes）選項，可在延遲與音樂品質中取得平衡，不過一般而言建議使用者縮小緩衝器，因為足夠的取樣率（44.1kHz 以上）是音訊品質所需。不過雖然有「夠好」（good enough）的技術突破，但是要達到音樂人士能（enough good）「充分」利用，則有各種可行性的限制（如希望影音同步，則寬頻費用會

圖 6-2　Jacktrip Virtual Studio Device 及周邊。

影響使用意願或設備設定是否足夠友善等）需要克服。陽明交大教職員合唱團曾與 Jacktrip 合作，也認為其技術已經滿足低延遲，但周邊配套還需要進一步克服。換言之，遠距同步低延遲合唱學習之科技與場域驗證，需要科技進展、音樂創作進展與數位教學設計三位一體的進步。

　　除了樂團的合奏練習與演出之外，坊間音樂教室的授課、音樂家教、醫學、護理、軍事、體育、技術職業教育的術科培訓，皆可能是疫情之下 Jacktrip 解決方案的受益者。此外，即使疫情結束，Jacktrip 解決方案也將成為跨國音樂合作創作與交流的常規做法。對坊間音樂班級來說，家教、個別班授課人數較少，歸納出遠距授課模式較容易快速。但學生人數若擴充到同時 30 人以上，搭配特定的教學做法，以及低延遲音訊設備，仍能夠在疫情封城期間保有絃歌不輟。

二、影像同步與操作型科目線上教學

　　受到疫情影響卻無法轉換為線上學習的，除了音樂與表演藝術，還有體育、美術、書法或操作型的職業培訓等科目。不過，考慮到未來 5G/6G 技術將成為主流，影音低延遲的整合方案宜超前部署。

　　Jacktrip 採取影音分流的策略，先改善聲音的同步性，是其優越之處。但在其他領域的學習與溝通上，影像線索仍然有不可或缺的重要性，例如遠端的臨床手術，或遠端的醫學教學研習活動，失之毫

秒,則差之千里。即便樂手歌者與指揮之間,也依賴影像的溝通。人類約可察覺 30 毫秒的音訊延遲,對影像延遲則更為嚴格,約為 20 毫秒左右。不過,雖然通訊技術頻寬的改善克服了影像資料屬於大量傳輸的挑戰,但影像處理也有需要一一克服的環節。舉例而言,攝影機每秒可拍攝的畫幀越多,影像的延遲越低。每秒 330fps 高幀率的攝影機,可降低延遲時間至最理想狀況 1/330 等於 3 毫秒。但是影像送至接收端之前,需要在雲端的伺服器處理,伺服器若不能接收高幀率的圖片,則會降頻為一般通用的 60fps,產生 17 毫秒延遲。以一般的會議軟體來說,Webex、Google Meet 跟 Zoom 都提供 30 fps 的影像串流,因此至少再多 33 毫秒延遲。送到使用者端時,受到影像處理卡的效能,以及螢幕播放速度的限制。假定使用者端只是一般的普通螢幕,則會產生 17 毫秒延遲等。幾乎可以說,少許的影像延遲是即時互動中不可避免的部分,所幸對線上學習而言,影像延遲的負面影響較小,大多數課程學習能夠容忍師生、或學生的影像並不同步。精密實驗有設備要求,不太可能在遠距情況下進行。若考慮疫情之下的社交距離限制,動態的真人藝文展演與教學或許仍有影像同步的需要。

　　藝文活動根據其屬性可分類為靜態展覽與動態表演,動態表演又可分為真人表演型與非真人表演型。靜態展覽如藝文活動的防疫考量只須解決播送至觀眾端,使用直播或線上參訪運行,不需考慮延遲。動態展覽下的非真人表演藝文活動,如布袋戲、皮影戲等也透過了現代科技解決困境。例如前科技部次長、陽明交大資工系林一平教授就領軍機器手臂遠距操作布袋戲偶,解決了疫情下偶師群聚感染的風

險。但是，真人表演藝術活動仍受到嚴重影響，譬如吹奏型樂器的音樂表演者甚至完全無法配戴口罩；電影拍攝也不可能要演員全程戴口罩。所幸，電影產業所需科技成熟，其應用場景遠超其他藝文活動。遠在疫情爆發之前，演員對戲或拍攝工作已經大量運用科技，成為實現遠端拍攝任務的基石。例如電影《捍衛任務 3：全面開戰》利用了 VR 虛擬場景來協助拍攝前的場景模擬，團隊得以事先了解場地構圖，讓導演能夠立即「看見」實際拍攝的情景，若要讓不同的演員可以在導演所在的攝影棚虛擬成像拍攝，除了音訊可運用 Jacktrip 技術同步之外，演員的影響必須輸入人物靜態 3D 掃描、人體動態感測（動作、眼球、表情）以及人體接收動態回饋（視、觸、聽覺），將其傳送至攝影棚，而含有虛擬攝影棚內的場景資訊（如天空、建築、車輛、人群等）也要同步傳送到其它演員的 VR 眼鏡面前，實現多位演員之間安全零接觸的虛擬互動。

三、跨校區教室的實體同步學習

遠距同步學習體驗雖然並未像聲訊同步及影像同步要求嚴苛，但影像、音訊技術的改善，對同步學習體驗有極大助益，特別是對擁有眾多校區，可能橫跨數十、數百公里的大學校園非常有用。經由視訊會議軟體來連接數個實體教室，在寬頻網路尚未普及的 21 世紀初期，被視為是姊妹校之間促進教學資源交流的重要做法，不僅大學院校採取此一做法，許多的高中學校聯盟也實施這樣的方式，使得教學資源

可以在實體教室之間相互共享。早期以色列的大學教室就透過衛星傳輸教室影像與聲音，使跨國學生可以在實體教室之間互動。上述延伸教室（extended classroom/extended learning environment）的構想雖然可行，但是受限於連線費用、基礎建設等限制，有很長一段時間難以快速擴展。

然而，進入 21 世紀第三個十年，行動裝置的普及與虛擬遊戲技術兩項重要的科技輔助學習趨勢席捲全球的教室。首先是隨著無線網路及個人行動裝置普及，行動學習提倡的「走出教室」理念受到教育

圖 6-3　早期延伸教室的光譜。© Loureiro& Bettencourt, 2014

界的歡迎，成為新風潮；再者，虛擬世界的沉浸式遊戲技術被教育界援用，學校跟教師可以直接在虛擬世界中創建教室，鼓勵師生用虛擬化身（Avatar）在情境中互動與學習。

在實體教室學習遭受 COVID-19 毀滅式打擊的日子裡，教師在家線上教學時必須打開攝影機展示教學，也要求學生在家全程開啟鏡頭。在家上網路課程，使得家長必須為了確保孩子操作電腦順利而需要隨時待命，對家務甚至是居家上班的工作造成干擾。但不只家長需耗費更大心力照顧孩子居家上課，教師也因為教學被螢幕攤在陽光下，不免受到家長們的稱斤論兩與指指點點，壓力更大。此外，原本「到校上課」確保所有學生最基礎的教育機會均等，也因為每個學生家中的網路頻寬、電腦設備、數位技能皆不一樣，造成學習上的數位落差。這些在疫情期間所發現的問題，使得建置同步教室、強化學校教育應對災害變故的韌性重新受到重視。加上科技進步使得液晶顯示螢幕的成本下降、5G/6G 網路連線技術也相對成熟，近一年多來可以見到許多教師的個人部落格或教育科技網站的豐富討論，並分享相關教學實務與教學研究。例如非營利組織 Empatico（https://empatico.org/），以 5 至 14 歲孩童的國際教育為目標，提供全球教師班級交流的機會。有興趣使用的教師可以上網媒合另一位線上教師，並設定連線的時間，學生則是可以透過教室的電腦螢幕或平板看見對方，分享自己國家的童話故事、介紹校園場景、遊戲場等，在網上互動交流。

有專家正在研究尖端科技運用在多人、或多間遠距教室同步連線互動的基礎影音裝置設計。例如在 5G/6G 寬頻連線即將成為無線網

路標準，且圖形處理器（Graphics Processing Unit, GPU，又稱作顯示核心、顯示卡、視覺處理器）運算速度可再度提升的時刻，搭配 VR/MR 技術的多人虛擬實境，不但可以將同一個實體空間的學生送進虛擬實境，將來也有機會把不同實體空間的學生聚集在同一間虛擬教室內共同學習。

有研究進一步探討遠距教室螢幕解析度與講者眼神接觸的差別，是否會影響學生的教師信任感，其結果顯示，即使把低解析度影片投放到遠距教室的大螢幕上，只要學生依稀可以辨認出老師的眼神是指向學生，學生便願意相信老師的授課內容，且對老師的教學做出立即回應。換言之，提供高解析度的影片並非是遠距課程的重點。對學生而言，教學影片中老師的眼神是否與學生有接觸，更為重要。但是在延伸教室裡，以教師為主的使用者習慣盯著螢幕裡的人物，而非攝影鏡頭。學生並非不認真、老師也並非不投入，但是眼神與鏡頭的角度差，嚴重影響雙方的體驗與成效，因此也有研究採取系統性的數學校正來即時後製影像，使學生在觀看螢幕時，能感覺到螢幕中的教師與自己有眼神接觸。現今已經有多款攝影機與收音麥克風，內建自動追焦與音場重建的功能，大大改善師生的學習投入感。

異地、跨時空共學，將是未來學習的重要元素。以陽明交大來說，因為多個校區在不同縣市，如何讓學生不必長途交通往返各校區，又能夠將兩個不同校區教室的學生無縫接合在同一虛擬空間，滿足課程現實互動的需求，成為重要課題。因此，建立一半虛擬、一半現實的教室環境，並盡可能保留位在另一間延伸教室學習者的學習體

驗，達到「穿牆而過」的無縫教學互動，將成為新的學習風景。

當網路連線技術不斷進步，線上教學的環境未必只能是每一位學生坐在自己的螢幕後面。縮減學生間的物理距離，往往能夠改進教室氣氛、增進學生間的接受度、合作與友誼，也降低誤會或爭吵的發生。我們可以透過刻意安排座位、調整燈光照明與空調等方式來改善到教室上課學生的學習環境，藉此增加學生們發言討論的機會。接著再透過 5G/ 6G 技術以及搭配攝影鏡頭、顯示螢幕與音訊裝置等硬體設備，擴展教室即時實況影像；或採取全息投影，讓延伸教室內的螢幕得以呈現出原本教室的畫面，借重這樣的方法，便能將兩地教室中上課的學生整合到半虛擬半現實的教室進行學習。如此一來，不同校區的學生就能同時異地上課、相互交流，大大減少了學生交通往返上的不便，在疫情肆虐下，也可避免師生間的交互傳染。

在未來，此項技術將不再侷限於同校跨學區的上課模式，以台聯大系統為例，即能讓同一門實體課程，即時實踐於清華大學、中央大學、政治大學與陽明交大，促成真正的跨校選修，也能吸引聯盟外的他校學生專程修課。如此一來，不僅增加學生修課便利性，還能替開課學校開源，甚至能與高中學校分享如微積分、普通物理、普通化學等課程，讓有興趣的年輕學子能採用這樣的方式，一窺大學課堂的情景，提前感受大學的上課氣氛，達成「異地共學」的願景。

6.3 物聯網、穿戴式裝置及體感學習

一、物聯網的新機會

物聯網（Internet of Things, IoTs），意思就是「物物相連的網際網路」，其功能是透過生活周遭遍布的感測器，例如手機、智慧手環等裝置蒐集資料，並把數據經由網路交換在雲端進行分析、管理及遠距操控，實現人、機器和系統的三方智慧化連結，讓人們的生活更加便利。「Things」指的是具備延伸上網功能（extension of network connectivity）以及運算能力（computing capaility）的電子設備，但具備以上能力的裝置並不能與日常的全功能、一般用途的電腦相提並論，因為這些裝置具有指定功能、且需要少許的人為操作，使設備所產製、交換及取用的資料可以更為聰明地改善人類活動。根據 IDC 國際數據資訊最近的預測，2025 年全球將會有 416 億個裝置與物聯網連結，同時也促成第四次工業革命。物聯網的未來應用，如智慧城市、智慧醫療、智慧家電、智慧交通也是備受注目。

物聯網早已運用在教育中，教／學雙方透過「Things」來強化教學的互動環境。例如在傳統的教室中，學生的身體語言、臉部表情、聲音、活動都是教師觀察學生學習過程的重要元素，但在線上學習情境，物聯網技術就可以幫助教師偵測學生情緒、班級氣氛等重要線索。此外，化學、物理等科學課程需要在實驗課中驗證科學現象跟定理，目前線上教學環境能做的還很有限，但是物聯網技術可以製作許

多能夠連到網路的偵測器，若以陣列方式，也就是將眾多的同種類小型偵測器建制為連網陣列，學生便有機會在家進行大規模的科學研究，比方說在遠端追蹤頭前溪於不同季節的水質變化。或者是，某些化學反應實驗可能較為劇烈，搭配一個可以控制機器手臂或機器人的 Arduino 遠端實驗室，可大大提升學生的實驗安全。在課堂中，學生只需要一台電腦連接實驗室的網路，便可以直接在家中透過遠端遙控設備做實驗。與此同時，實驗室附設不同的攝影機與偵測器連接在網絡上，即可以看著螢幕畫面操作與控制結果。

此外，物聯網的功能也不限於此，未來或許可以建立「虛擬智慧教室」（virtual smart classroom），透過穿戴式裝置如智慧手錶等來協助教學，例如偵測學生分心狀況，以震動模式給予適度的休息或提醒專注。不過，物聯網涉及個資等問題，若用於未成年學生，也將遇到相當複雜的倫理與法律問題，且智慧學習環境（smart learning environmnets, SLEs）也需要互相搭配的教學策略，兩者相輔相成。例如，即使教師能透過智慧手環了解同步課程學生在螢幕後的分心狀況，但仍然需要有效的教學，才能把學生從分心狀況帶回課堂。因此物聯網在教育上的應用只是剛剛起步，對於如何應用網路與裝置的便利，也許我們也需要一點時間摸索。

二、穿戴式裝置

穿戴式裝置（wearable electronics）也是物聯網 IoTs「Things」的

一種，在 5G/6G 等傳輸技術之下，物聯網得以與大數據結合，使穿戴式裝置與「智慧雲端」連線。穿戴式裝置種類繁多，主要可以被區分成四個類別，分別為頭戴式、身著式、手戴式及腳穿式，而目前市面上可用的穿戴產品包括智慧眼鏡、智慧手環、智慧手錶與智慧戒指等，長時間穿著或配戴穿戴式裝置，也不會影響日常生活作息，因此，隨著愈來愈多科技以穿戴裝置為主軸，相關設備需求也大增。具上述所提及 Things 的特性，透過物聯網的技術，讓使用者能隨時查看個人數據，例如睡眠模式、體溫等，從而獲取建議。

穿戴式裝置的應用研究可見於醫學及教育研究領域。醫學的研究用以追蹤病人的病程；教育上的研究也是同樣用於追蹤學生的學習歷程居多。用在醫學領域的「健康追蹤」已經有許多功能商品化，如 Apple Watch 上的心電圖可以檢視有無心律不整、血氧儀在 COVID-19 肆虐全球的這兩年更被廣為使用。反觀教育研究則幾乎沒有商品化的穿戴式設備，大部分停留在研究階段，關注模擬課堂環境、記錄學生的學習歷程，其中以觀察受測者的眼動、心跳、血壓，腦波等生理訊號為最常分析的資料，例如透過穿戴式裝置記錄運動員的體溫、心律等資料，串連物聯網技術來追蹤、調整運動員的訓練強度，避免運動傷害的發生等。穿戴式裝置所提供的資訊非常全面，「即時回饋」的特點在教與學都極具潛力。也許未來在穿戴式設備的發展之下，教與學不再侷限於教室或特定地點，學生只需要在延伸教室或虛擬環境中互動、學習及構建知識，日後教學不會再被任一形式所限制，而可以創造出更大的價值。

三、體感學習

　　體感學習（kinesthetic learning）近年常用於電腦遊戲的操作與互動。根據資訊工業策進會數位教育研究所組長李鎮宇的分析，兒童的肢體學習會先透過設計好的體感動作結合教材，學生還要依照指示做出正確的姿勢，記錄動作的過程再經過分析後，便能透過回饋矯正學生錯誤的肢體動作。美國喬治亞理工學院研究小組曾開發無線觸覺鋼琴教學系統，學習者只需要配戴他們研發的手套，手套會透過震動的方式告知學習者需要彈奏的音符，體現利用體感強化程序性學習的價值，學習者自身的肢體動作獲得機器互動回饋，支持學習者與環境互動，透過觸發任務／完成學習目標的練習，讓技術與技能達到精熟。

　　曾經風靡一時的 Wii（Wii remote）就是電子遊戲開發商任天堂為了配合遊戲主機所發行的遙控器，主機能透過偵測使用者遙控器的動作進行遊戲，操作過程簡單。爾後還有 Xbox 遊戲主機搭載 Kinect 紅外線感應器的技術，以及任天堂 Switch 的健身環等設備誕生，皆是更直接地清楚辨識、記錄使用者的肢體動作，不論使用者有沒有手持裝置，透過感應器捕捉使用者的行為，讓使用者與設備能即時互動。

　　疫情之下，大部分的課程都只能搬到線上，甚至有些原先大家不認為可以在線上教學的課程例如體育課、音樂課，都必須改在網路上進行。即使教師們會自己先在鏡頭前示範，再要求學生跟隨自己的動作，但教師也無法時刻都能注意到所有學生的動作與回饋，尤其是在線上上體育課，似乎就意味著學生們得放棄與同學互動的樂趣，但如

果能藉由體感學習，或許能有不一樣的互動。比方由教師先設計好動作，請學生站在能夠捕捉肢體動作的鏡頭前，若能加上配戴相關穿戴式裝置，學生即使做錯動作也能得到即時的回饋。或是讓課程加入競賽的元素，便能在增加學生互動的同時，增添上課的趣味。

物聯網、穿戴式裝置及體感學習等技術，皆是透過人機互動的方式，讓人們得到即時回饋。線上學習強調不限時地、無遠弗屆的特性，必然在未來 5G/6G 的發展下更完善，若上述三項技術能更進一步整合，屆時實體教室將不只是限制於一個固定的空間，而會是能隨著學生環境而改變更動的教學場合。例如線上瑜珈健身、遠端芳療、遠端田野調查、模擬物理實驗、虛擬服裝設計課程，或是危險化學場所的遠端操作、遠端復健等，都可能在未來十年內成為常見的數位學習應用。

6.4 人工智慧導入數位學習

根據美國肯塔基大學通訊與訊息學院 Renee Kaufmann 與 Jessalyn I. Vallade 兩位副教授於 2020 年針對學生在線上課程中的學習歷程調查發現，課程設計、講師行為、同儕互動與孤寂感和課程退選率之間有顯著影響。有學生表示，因為在線上學習的過程中缺少助教協助，獨自遇到困難也不知道如何求援，更缺乏如同實體課程般能與同學相處互動的機會，很容易感到孤獨，導致缺乏學習動力而放棄學習。

一般而言，我們會建議線上授課教師注意課程環境，鼓勵學生之間的溝通對話，以增進學生學習成效。但以一堂熱門的線上課程來說，學生數動輒幾百甚至幾千人，若要細心照料到所有學生，需要相當大量的人力資源協助，這將造成教師與助教很大的負擔。事實上，線上學生希望可以擁有非同步學習的時空彈性與自由，但是自己一旦上線，也希望能夠享受教師也在現場的即時、同步的教學服務，而且，價格還不能太高。因此，科技的開發方向就朝向：是否有方式能代替教師與助教，和聰明的學生互動呢？

　　近年來隨著科技發展，教師可以透過大數據分析，從線上教學中學生的個人學習歷程數據獲得許多資訊，這不僅能協助授課教師了解課程安排是否得宜，也能了解每位學生的學習情況。但如前所述，當線上課程學生數眾多，教師難以精準掌握每位學生的課堂學習狀況時，「人工智慧代理人」（AI agents）成為可行度越來越高的做法。第一種做法，是將線上學習所產生的歷程大數據交給深度學習，針對學生在線上課程中的資料進行分析，並生成適度的課程建議或提醒，成為「精準教育」著名的應用之一。

　　受到美國前總統歐巴馬於 2015 年提出「精準醫療」概念所啟發，臺灣有楊鎮華教授等人倡導數位教學亦應該投入精準教育的研發。精準教育透過大數據分析、人工智慧等技術來進行學習者的風險預測與即時干預。精準教育的四個步驟為診斷、預測、治療及預防，「診斷」指的是蒐集線上課程的學生資料，對每位學生進行初步的診斷，分析學生是否遇到學習困難；「預測」則是透過機器學習技術來預測

學生未來學習的走向，推估學生在後續課程中可能會面臨的失敗風險。「治療」是根據每位學生的學習情況，提供個人化的治療方案，給予學生學習上建議，讓他們能針對自己的問題加以改善。「預防」則是透過初期即時通知學生需要注意學習情況，避免其最終無法通過課程。透過類似醫療診斷的方式來協助學生更有效的學習，讓每位學生都能獲得明確的學習指引，增加其通過線上課程的可能性。

此外，隨著人工智慧的技術愈趨成熟，即時分析課程中每位學生的學習狀況已非難事，結合自動化郵件撰寫系統，關心學生也成了人工智慧可以執行的任務之一。系統藉由分析學生於課程的學習歷程資料，例如登入次數、在線時間、課程內容點擊次數、討論區發文次數等，可以得知每位學生當前的學習狀況，動態分析學習不足或落後之處，並提供適當且可執行的建議，讓學生時時刻刻感受到有位課程協助者在支援，協助自己的學習狀況。有了符合自身學習情況的學習建議，學生便能有方向地根據建議來完成課程，不再於學習之路迷航。

第二種人工智慧的應用方向，在近兩年躍升為主流：導入「泛用」AI，使功能不受偏限，具備通用知識與溝通技能的人工智慧，結合至教育領域。最著名的即為生成式人工智慧聊天服務 ChatGPT，甫於 2022 年 11 月 30 日開放免費使用，推出兩個月就已累積超過破億的活躍用戶數。其開發公司 OpenAI 在 2015 年將其大型語言模組（large language model, LLM）公諸於世，目前使用的是 OpenAI 開發的 GPT-3.5 版本，能成熟地理解和使用自然語言。截至 2023 年 2 月為止，每日瀏覽人次已超過 2,500 萬人次，大幅超越 TikTok 花費九個

月擁有破億用戶數、Instagram 花費兩年半才達到的紀錄。這個巨量的公眾用戶試用，成功蒐集更多的參數，使 ChatGPT 的應答能更精準、跨越多語種、更「人性化」。除了搜尋引擎功能之外，使用者只要輸入關鍵字或是文本，就可依據其輸入的內容與設定條件來回覆、編寫或摘寫、翻譯，甚至寫程式、寫信、劇本、故事、詩詞、回答選擇跟申論題等。以下是本書作者透過幾個問題，請 ChatGPT 作的自我介紹：

> 我是一個大型的語言模型，由 OpenAI 訓練而成。我可以理解和生成自然語言，可以進行對話、回答問題、編寫文章和生成內容等。我擁有大量的知識和資源，可以回答各種問題，例如科學、歷史、文化、娛樂等各種領域。以下是我可以對線上學習者提供的協助：
>
> 回答問題：作為一個大型的語言模型，我可以回答各種學習者的問題，包括課程相關的問題、學科相關的問題等等。
> 提供資源：我可以提供各種學習資源，包括書籍、文章、影片、練習題等等，幫助學習者更好地掌握知識和技能。
> 生成內容：我可以生成各種類型的內容，例如文章、筆記、摘要等等，幫助學習者更好地理解和記憶學習內容。
> 提供建議：我可以根據學習者的需求和學習情況，提供相關的建議和指導，例如制定學習計劃、選擇適合的學習資源等等。

總之，我可以提供各種方面的協助，幫助線上學習者更好地進行學習和提高學習效率。

目前，已有學者實際運用 ChatGPT 及其他語言模組來撰寫論文及演講、寫論文摘要、草稿或修改論文，甚至使 ChatGPT 擔任論文合著的作者並刊登於期刊（但後來學界的暫時共識較傾向為 AI 無承擔責任的能力，不許擁有作者的角色）。陽明交大亦有教授運用 ChatGPT 擔任執行論文的同儕審查或提出論文編輯是否要接受或拒絕稿件的建議。GPT4.0 的更新，更使語言 AI 得以採用 API 橋接，與其他 AI 合作，例如 LLM 被認為科學運算能力不佳，ChatGPT 可以先將人類的需要交給 Wolfram Alpha，獲得運算步驟與結果之後，再生成文字。此外，GPT4.0 也可以代人類進行網路搜尋，並且具體交代它生成的檢索策略跟歷程結果。

未來，或許人工智慧也可以發展到能夠設計實驗、編寫和完成稿件、甚至提供生涯規劃。ChatGPT 的推出，一般被認為將影響初階的白領專業及產業，例如：內容創作及寫作改寫、語言翻譯及本土化、客服及技術支援、行銷及廣告製作，以及其他專用聊天機器人及對話式 AI 產業。此外，也已經看到 ChatGPT 作為私人家教在批改、對話、沉浸式學習與語感強化等等中階語言學習數位化的商機。ewant 育網平台同樣看見此一前景，於 2023 年暑假率全國之先導入生成式 AI 助教，讓每位學生都能擁有適性的小書僮。

ChatGPT 對教育界帶來大地震，正如同兩個地殼板塊的劇烈碰

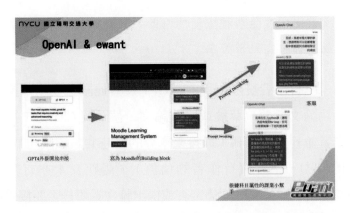

圖 6-6　ewant 育網平台導入 ChatGPT 擔任課程助教的系統架構。

撞。一個板塊屬於新大陸的人工智慧（artificial intelligence, AI），另一個則是舊大陸的學術誠信（academic integrity, AI）。兩個板塊的碰撞將會隆起教育界新的高度，抑或是造成深陷的海溝，尚未可知。

　　未來是否還能採信學生的評量為本人親力親為？升學面試的書面審查資料、展演影片到底是哪幾支機器人寫的？甚至學術界的「同儕評審」機制，從作者的認定到「原創」的定義，都已受到挑戰。例如，過去防弊軟體如 Turnitin 是以「相似度」作為抄襲的判斷依據，但 ChatGPT 可以生成「過去不曾相似」的文章段落，抄襲軟體便無從分辨學生是否使用 ChatGPT 來寫作。面對這個挑戰，部分人士主張應該禁絕。香港大學是亞洲第一個明令校園禁用 ChatGPT，將使用 ChatGPT 視同舞弊的高等校院，臺灣的教育部亦曾經探討是否應該在臺灣學術網路上禁止 ChatGPT 的連線。但也有聲音認為不應將

ChatGPT 視為威脅，而是開設 ChatGPT 相關討論和座談會，讓更多學生認識 ChatGPT 的應用及風險。同時，荷蘭的大學則鼓勵教師也必須更新自己的教學觀念，對學生表現的評閱必須揚棄評估結果，而更加重視學生如何更新和迭代自己知識的過程，以及專注於審閱學生寫作的內容和邏輯，而非寫作風格和用字遣詞。

其他教育界以外的學術界評論，雖然擔憂 ChatGPT 會產生看起來具說服力、實質上是錯誤的內容，進而傳遞歪曲的科學事實和錯誤資訊。但當這項科技的運用勢不可免，也不可能禁止，學術研究不如考慮如何發揮 ChatGPT 的正面潛力，例如改變研究實務和追求生澀術語的出版風氣、以扁平化溝通加速知識跨域及創新過程、縮短學術出版時間，乃至幫助人們更流利地寫作，以及讓科學研究更具公平性等。當然，也有人考慮「以毒攻毒」——史丹佛大學設計了一套「GPT 偵測器」，用於偵測內容是否為 ChatGPT 或類似程式工具所寫，並宣稱辨識正確率達 95%，當然，這到底是「以毒攻毒」還是「道高一尺、魔高一丈」，還需要觀察。

防弊產業曾據以主張，既然科技可以辨認 ChatGPT 生成文字的模式，就可以導入模式抄襲檢測（pattern plagiarism），並定義為學術舞弊的一種。不過這個想法立刻遭受批判，認為是防弊產業為了保障市場份額，刻意造罪。學術寫作本就有其共通模式，最常使用的就是 IMRD 四段式結構：「緒論」（introduction）、「方法」（method）、「結果」（result）、「討論」（discussion）。如果模式抄襲需要追訴，終將因噎廢食，逼迫科研人員從重視內容的創新，

改而重視呈現手法的創新，大大戕害學術發展。

　　學術誠信的爭論在中小學也不可避免。「班班有網路，生生用平板」的政策，使得全國中小學生能夠在大量接觸數位學習資源的條件下，放大 ChatGPT 的威力。或許政府設定學習行動裝置管理（Mobile Device Management, MDM）的條件，使行動裝置皆不得安裝或存取 ChatGPT，或更廣泛的使公立學校電腦和公共網路透過網路過濾系統擋下 ChatGPT 網站，可能暫時將 ChatGPT 對學業舞弊的危害阻擋於一時。但是人類的學習與機器的學習尚有本質上的不同：人類的學習是在舊的知識架構下，建立新的知識；而人工智慧能夠快速且大量彙整既有數據，成為學習的好工具，但在知識的創新上還力有未逮。真正的危機應該是人類想要躲避創新的困頓挑戰，貪圖「懶人包式」的 ChatGPT 能力與便利，最終弱化了自己的潛能。多元的學習成效評量，例如：設計學生繳交多次的歷程作業，並要求學生比較自己的寫作與 ChatGPT 的修改其不同之處，甚至比較自己寫作的概念圖與機器人生成的概念圖之差異，都可以使 ChatGPT 成為學生的學習工具而不是抄襲工具。但是不可諱言，這類「高品質」的教學與評量，也必然是「比較累」的教學與評量。

　　事實上，OpenAI 科技的普遍應用，或許只是映照出教育界長久以來的根本問題而已——大部分的評量，根本無法檢測學生真正的能力。ChatGPT 對於自身侷限的理解亦相當坦誠，詢問 ChatGPT：「您覺得 ChatGPT 有哪些侷限？」答：「ChatGPT 雖然在許多任務上表現出色，但是它也存在一些侷限。對於一些需要真正理解、創造或適

應不同情境的任務，ChatGPT 目前還無法完全取代人類的智能和能力。」這恰好就是教學活動應該要實現的重點：

一、真正的理解

教師的教學評量活動必須注意學生是否真正理解，或只是能「鸚鵡學舌」。學生可以複誦或重複解題的步驟，並不代表他已經真正的學到東西。而儘管 ChatGPT 可以根據已有的大量文本生成相應的回應，但是缺乏真正的理解和思考，並沒有真正的意識或概念，只是透過對文本的統計分析來進行回應生成。

二、真正的創造

教師在提供可信的基礎知識作為教學內容的同時，也必須提供創造力或創意思考的培訓，並促進能創造與設計思考的社群學習。然而，ChatGPT 雖然能夠生成與訓練數據相似的文本，但無法真正創造出新的思想或概念，只是能夠以一種「自然」的方式結合現有的語言和知識，生成與現有文本相似的回應。

三、面對不同情境的適應能力

教師的評量活動，乃至於升學機制，都必須揚棄「相同能力」的檢核。學生在學校中學習到處理特定情境的能力，需要發揮在全新的

複雜情境中，方能真正判斷學生的表現。可是 ChatGPT 在處理一些複雜的情境時的適應能力較差。例如，在涉及情感或價值觀的問題上，ChatGPT 的回應可能不如人類那樣敏感或準確。

四、避免偏見與錯誤

教師的活動設計必須大量提供學生判斷偏見與追找數據來源的練習機會。邏輯推理將成為學生不得不必備的基本素養。但因為 ChatGPT 是基於大量文本訓練而成，如果訓練數據存在誤導或偏差，當 ChatGPT 生成回應時，便極有機會提供錯誤或偏見的結果。

而當我們詢問 ChatGPT 怎麼建議教師面對此一挑戰，獲得的建議是：「教師可以通過強調真正的理解和創造性思維，調整評量方式，以及整合 ChatGPT 等方式來改善他們的教學和評量，以更好地因應 ChatGPT 帶來的挑戰。」換言之，在數位科技完全成為學習環境一部分的此刻，教育工作者部分的重複性、記憶性工作或可被取代，但其他的專業部分應該要因為 OpenAI 技術的幫助更為彰顯。科技的衝擊，勢必要淘汰部分不願意、或沒有辦法與時俱進的工作者，但科技的進步同時也要提供專業人士更加展現專業素養的機會。擁抱 AI 的人，將在創新的事業當中繼續超前。

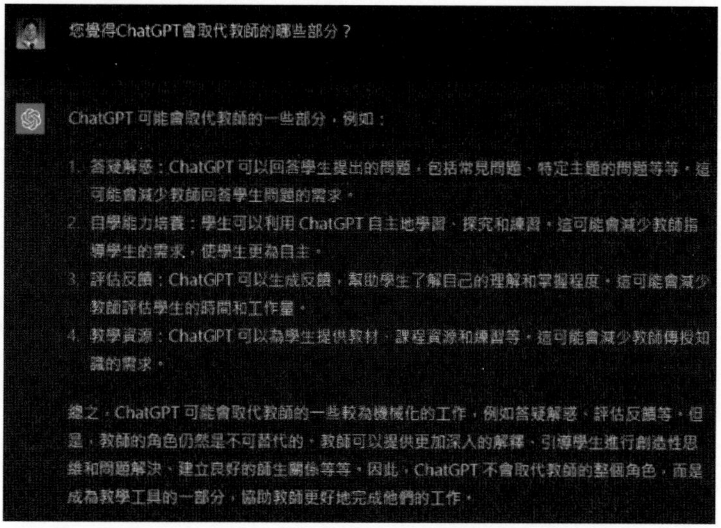

 您覺得ChatGPT會取代教師的哪些部分？

 ChatGPT 可能會取代教師的一些部分，例如：

1. 答疑解惑：ChatGPT 可以回答學生提出的問題，包括常見問題、特定主題的問題等等，這可能會減少教師回答學生問題的需求。
2. 自學能力培養：學生可以利用 ChatGPT 自主地學習、探究和練習，這可能會減少教師指導學生的需求，使學生更為自主。
3. 評估反饋：ChatGPT 可以生成反饋，幫助學生了解自己的理解和掌握程度，這可能會減少教師評估學生的時間和工作量。
4. 教學資源：ChatGPT 可以為學生提供教材、課程資源和練習等，這可能會減少教師傳授知識的需求。

總之，ChatGPT 可能會取代教師的一些較為機械化的工作，例如答疑解惑、評估反饋等。但是，教師的角色仍然是不可替代的。教師可以提供更加深入的解釋、引導學生進行創造性思維和問題解決、建立良好的師生關係等等，因此，ChatGPT 不會取代教師的整個角色，而是成為教學工具的一部分，協助教師更好地完成他們的工作。

圖 **6-7** ChatGPT 不認為自己會完全取代教師。

第七章

結語

線上學習在臺灣發展已經超過二十年，就發展線上學習的三個要素（網路環境建設、線上學習內容、對線上學習的需求度）來看，已經建立好基本要件，而從線上學習生態圈的應用市場（包括學歷需求、開放教育、在職教育、興趣學習等）來看，大多也已粗具規模。下一步的進化，既要專業變革，也要群策群力，但是核心應該都是為每一個方案找尋可以「永續」（sustainable）發展的模式，例如磨課師教師如何穩定地擴展其線上課程與學習社群、大學校院如何運用線上學習擴展校院影響力，同時避免線上學習的弊病；怎樣長期支持學校教師自發地提升線上教學知能；如何利用線上資源引導學生持續的自主學習；如何推動雲端學習社群以強化社會對線上教育的接受度等。這許多議題看似不同，但彼此之間環環相扣，也都分享著相同的核心關懷。這一章將簡單歸納臺灣線上學習發展的現狀及需要克服的重要挑戰，然後分別針對大學校院、高中職、終身學習、開放教育、在職教育及政府作為等不同面向建議一些簡要、可行的具體目標。

7.1 現況總結及需克服的挑戰

　　線上學習生態圈包含許多不同的應用型態，影響線上學習發展的因素更是多元，彼此之間還經常有連帶互動的關係，想要歸納出幾個簡單的結論並不容易。但觀察臺灣過去二十年線上學習的發展，我們仍要總結出幾個重要的現況，以及提出未來十年間亟需克服的挑戰。

一、現況總結

（一）大專校院的關鍵地位已經浮現

　　雖然臺灣在數位學習的學術研究上有領先全球的成就，政府部門也曾提供各種有關數位學習的計畫經費，但真正讓臺灣的線上學習被廣泛注意、深化應用及造成巨大影響的，則始於陽明交大等高等教育機構推動的開放式課程及磨課師運動。本書第一章提及，線上學習若要永續發展，需要網路環境建設、線上學習內容，以及對線上學習需求度三者配合，缺一不可。臺灣的大學不僅具備獨立開發與運管線上學習平台的技術與開發優良線上學習內容的能力，學校內還自帶大量學習需求的學生，大學產出的線上學習內容更可以向上提供給成年學習者使用，向下開放給高中教學參考。由於大學同時擁有數位平台建設的技術、產製高品質線上內容的能力以及社會的高度信賴，恰好滿足了大部分推廣線上學習所需的要素。因此，自 2007 年以來，舉凡發展線上教學科技、將線上學習融入一般教學中、向學生或大眾推廣線上課程等，多由大學先行投入示範，再推廣至其他單位，使得大學自然成為臺灣線上學習起飛的引擎，也將是未來臺灣線上學習持續躍升的最重要關鍵。

（二）線上學習的供需皆因疫情而成長

　　即使臺灣已經具備發展線上學習所需的要件，但因為市場規模受限，民間的線上學習平台想要建立穩定的經營模式時，常會遭遇許多

困難。但自 2020 年開始，受疫情影響，不只原本即為線上學習主要族群的大學生修課人數增加，連高中以下的學生、企業員工與政府單位雇員，對線上學習的需求量都大幅提升，促成更多教師必須學習線上教學技巧、學生必須接受線上教學，以及學校必須認可線上學習的成果，不少線上學習平台的使用人數也快速成長。疫情因此促進了臺灣線上學習的發展，也同時改變了國人對線上學習的態度與認知。不過「為了應急而設置的緊急線上課程」，也成為臺灣過去二十年來資訊融入教學、數位教育、資訊素養、校園數位轉型等教育政策的試金石。喊得震天價響的智慧校園，受到新冠疫情浪潮的衝擊，等潮水退後，就可以看出來誰沒有穿褲子。另外，雖然疫情已經結束，但因為疫情凸顯了數位教學的重要性，因此讓政府更重視數位教學。教育部於 2022 年開始推動的中小學數位學習精進方案，擬投入四年兩百億的經費深耕中小學數位校園，應該就是在這樣的背景下產生的。本書定稿時，雖然肯定國家提撥專款的美意，但仍無法定論該方案將帶來怎樣的效益，不過可以確定的是，疫情放大了線上學習的供需量，即使疫情結束，校園回歸實體，線上學習的比重會降低，但也不會降低到疫情前的水平，而會站到一個再次出發的新起點。

（三）社會已經普遍了解線上學習的重要性

自陽明交大於 2007 年推出開放式課程後，原本是校內的大學課程，在教育內容的開放下，吸引眾多成年學習者關注，並使各大學跟進，隨後成立臺灣開放式課程與教育聯盟。其後的磨課師運動，讓更

多人認知到除了傳統的實體面授教學之外，網際網路也蘊含許多教育的可能性。疫情期間，社會大眾進一步理解到線上學習雖有其侷限性，但也有其獨特的優勢，而且線上學習的多元與彈性能夠觸及更廣泛的學習群體。雖然政府（主要是教育部）對於高等教育線上學習的政策支持不盡理想，但目前頂尖大學如臺大、陽明交大、清大、成大等學校皆有其開放式課程與磨課師，國人也樂於接受大學推出的線上教育，民間已經逐漸視線上學習為足以和實堂授課比肩的教學方式之一。但是，隨著社會大眾與線上學習的接觸越來越廣泛，也有人提出諸多疑問：像是「線上教學是否可完全取代實堂課程？」「線上評量結果是否可信？」「哪些類型的學習需求可以調整為線上？」等，一方面代表教育系統對線上學習的說明及宣傳不足，另一方面則是線上學習環境尚有不足，需要精進。

（四）線上學習內容百花齊放，但平台的永續發展仍有隱憂

當線上學習成為社會需求，自然就能推動更多人投入、製作線上學習內容與提供線上學習平台服務。在提供線上學習內容方面，如今除了各大學之外，民間的內容提供者越來越豐富多樣，如服務國民教育的均一平台、個人興趣發展取向的 Hahow 好學校與 Yotta、提供企業跨域職能發展的天下創新學院、匯集百所大學課程的 ewant 育網平台等。另外，國人教育水平高，若具備一定外語基礎，也能接觸Coursera、Udemy、FutureLearn 等國外平台的線上課程。若有心向學，國人多能以合理的成本，接觸到來自國內外、品質穩定、選擇多

元的課程。因此，就線上學習內容而言，已達百花齊放。但若以提供學習者順暢且無礙學習的一站式平台來說，與國外過去十年發展已臻成熟的平台比較，臺灣的線上學習平台雖然不算少，但因為臺灣市場規模不足、社會付費學習風氣不盛、政府政策失誤等諸多因素，能找到穩定及永續經營模式的平台仍然不多，令人憂心。

二、需克服的挑戰

（一）政府需要：建立發展線上學習的正確認知及策略

　　由於目前兩岸的現況，臺灣發展線上學習的市場規模不大，創新的容錯率低、失敗率高，故有賴政府政策的激勵。例如，若政府法規提高線上課程可以納入大學畢業學分的比例、甚至允許各校依照校內開辦學碩博士課程的學術要求開辦線上學位，招收遠距國際學生，都可能促使更多學校發展線上課程，或將觸角伸向國際。開放更多高中以下學校發展和採認線上課程，就能讓更多民眾於就學時期接觸線上學習，並提高社會全體對線上學習的接受度，也強化民眾判斷數位內容良莠的素養。

　　反觀目前，臺灣政府所提出的數位學習相關政策，從 2000 年代以數位典藏、學術攻頂為主要目標，到 2010 年後雖部分開放大學辦理線上課程，仍嚴格限制其課程的比例，或須通過重重審核，皆為線上學習發展的囹圄。政府未能積極支持，使教育機構缺少發展線上課

程的誘因，課程量成長緩慢。此一限制，不僅是線上學習的阻礙，同時造成高教在少子化衝擊下難以轉變體質的困境。國際知名的頂尖大學莫不透過線上學習的觸角廣招優秀的學生、擴大全球的影響力；即便是原來較偏地區性的院校，也能經由線上教育的彈性，打破學校空間、時間的限制，大量發揮招生的差異化優勢，獲取經費資源。高教預算有限，勢不可能雨露均霑，但也不必將後段學校置之死地，只能等待大限到來。美國有鳳凰城大學、卡佩拉大學、卡普蘭大學（Kaplan University）這些以線上教學為主的私立大學，後兩者甚至是來自於補教業改設，即便名聲曾經迭有爭議，但仍然找到發展線上教育的角色定位，沒有等待政府紓困、接管、甚至解散。正如同國內各大學不採禁止，而是以開放的思維，鼓勵師生「擁抱 ChatGPT」來面對生成性人工智慧的新挑戰，臺灣政府更有必要給予高教更多發揮線上教育的空間，並且以政策鼓勵良幣的發展，強大的良幣自然就能夠驅除劣幣。若只是不論優劣、只為防弊、一視同仁地限制線上學習的發展，就有可能當先進國家上太空，我們還是只能殺豬公。

臺灣的教育體系由國家全面直接管控，因此政府若對線上教育持消極與懷疑的態度，將直接影響到學校及全民對線上教育的觀感。如今已有諸多國內外研究顯示，線上課程的成果不輸實堂課程，甚至能以更低廉的成本，使更多學生接觸到教學內容，並與實堂授課達到相輔相成的效果，非常適合以科技立國、重視人才素質的臺灣。但若政府不認可線上教育的成果，線上課程就只能停留在「補充」與「補救」的地位，只能吸引純粹為了興趣而來的學習者；對有學位需求、

想充實自我專業、同時也是教育領域最大的一群受眾即學生來說，其吸引力就會不足；間接影響的就是社會接受度趨緩、總需求人數難以成長，不利於整體線上學習生態圈的健康發展。歐美國家早已廣泛接受線上教育為正式教育的一環，不只擴大可以提供線上學習的科系範圍（如：語言、資工、化學、設計甚至運動等早期被視為不可能提供線上教育的學科），也開始向上提升可以授予的學位（碩士→學士→博士），甚至將線上教育作為跨國雙聯學位的一環等。臺灣若繼續固步自封，堅持以實體課程為主的高教環境，不但與國際嚴重脫節，也使得國家長期對高教普及化的投資，因校院倒閉成為浪費。

（二）大學：體悟到線上教育是實現國際化的穿雲箭

以美國為首的西方國家之所以能在線上教育領域取得領先成就，不僅因他們具備足夠的軟硬體技術與教育動能，也因為其提供的線上學習內容多以英語作主要授課語言，受眾能輕易拓展至全球，無形間大大拓寬了市場需求量。臺灣的線上學習內容多以中文為主，雖然全球中文使用者規模達十數億，早期臺灣也確曾將線上課程提供到中國，而且因為課程與生活貼合、教師教學風格開放活潑等優點大獲成功。但因全球地緣政治改變，近年來臺灣較難將線上課程積極地共享到中國。若想接觸到全球的線上課程使用者，臺灣雖可以生產以英語為主的線上課程，但製作成本與時間會較中文課程高，這可能降低學校與教師的投入意願。另外，這類課程的主題必須謹慎挑選（如：中醫、文化或經典類課程），否則對海外學習者的吸引力將難以超越歐

美名校的課程，一旦課程的投資報酬率不足，就難以成為大學優先製作的線上課程。臺灣線上學習內容的國際化不足，也使臺灣難以進入國際的開放教育主流，無法擴大影響力。但從 ewant 育網平台的內部註冊來源追蹤，發現來自東南亞的學習者一直都占有相當顯著的比例，因此，除了向國際平台重點提供以英語授課的特色磨課師之外，海外華裔或華文學習者也是有潛力的推廣對象。除了利用開放教育拓展國際能見度之外，臺灣各大學也可以藉自身的強項、利用線上課程建立與海外其他大學或機構的合作，例如用臺灣的半導體線上課程與海外有興趣的大學進行學程或學位的合作。

（三）新世代國民及企業機構：正視終身學習乃大勢所趨

臺灣的終身學習風氣不盛、興趣取向的學習者也不夠多，可能原因之一是過去臺灣的填鴨式教育削弱了學生對學習的興趣，使得學生在投入社會後不久就停下學習的腳步。臺灣企業界對員工提供的教育訓練機會也經常不足，理由之一是未認識到厚植員工職涯進路，能為企業在激烈變動的時代中帶動創新與競爭力；另外則是短視的想要節約經營成本及避免影響人員工作。種種落伍的觀念，使得許多終身學習僅落實在如社區大學、長青學苑這些休閒性質為主的樂齡教育機構，在職教育則零零落落地以廉價的方式委託給大學校院裡的教師。但是當 21 世紀科技進步及社會變遷的速度加快，不論是個人或企業都必須養成終身學習的習慣，國家則必須建構學習型社會以應付加速的社會變遷。此時線上學習就可以提供一些重要的優勢，包括彈性的

學習時間、較低的學習成本、較佳的學習效率等。但為應對「加速社會」的需求，線上學習最重要的優勢就是可以用最快的速度、即時將最新的知識、最廣泛地推展到社會的每一個角落。新加坡政府激勵提供全民從事線上學習的教育代金，應該就是充分體認到線上學習在推動終身學習時難以被替代的特性。臺灣的新世代國民或企業機構如果沒有體認到終身學習及線上學習對人才發展的戰略價值，將會成為國家提升人力素質的重大障礙。

7.2 政策目標及預期成果

以下將分別針對大學校院、高中職、終身學習、開放教育、在職教育及政府作為等不同面向建議在未來十年中簡要可行的具體目標。當然，如同推動教育一樣，過程與結果同等重要。此處建議的簡要目標，千萬不能成為應付上級查核的生冷數字指標，而應該是真正關心及深化線上學習後，自然萌生的成果，線上學習方能永續發展。

一、大學校院

大學校院的數位教學內容，向上可協助產業發展與達成終身學習，向下可輔導國高中國民教育，因此應以大學校院為線上學習產業發展的核心，鼓勵大學投入。可參考的校內目標如下：

（一）完成線上學習培訓的教師人數：五年內 15%、十年內 30%

　　線上學習首重內容，有好的內容，才能吸引學生，並獲得社會認可，使更多人願意採用或投入；而要生產好的線上學習內容，則應培養優秀的線上課程講師。因此大學可將線上教學培訓納入發展項目，設定每年增加一定比例、如 3% 教師能採線上教學的目標，或要求所有新進教師皆需參加培訓（每年新進教師人數可能就約占所有教師的 3%），逐步養成學校裡線上課程的發展動能。不需要校內所有教師都具備線上教學能力，只要有一部分的教師投入，就能產出足夠的線上學習內容，讓學校的課程具備多元的彈性。

（二）線上學習課程占學年總開課比例：五年內 5%、十年內 10%

　　此處所說線上學習課程應包含全線上學習（同步或非同步）與混成課程。完成教師線上教學培訓後，就可以提供刺激性獎助鼓勵教師發展線上課程，並將線上學習常態化，方便有線上學習需求的學生選修。而課程可選擇熱門課程及瓶頸課程，避免學生想修課，卻因教室容量限制或搶修而修不到，也可以優先嘗試微積分、物理、計算機概論等多系所共同必修的基礎課程，或是有轉系需求的學生能夠抵用的通識教育課程。當學生從較基礎的課程中取得線上修課的經驗，後續就能進行更專業的線上學習，或延伸至校外的國際線上學習平台，持續進修。

（三）全線上學習學位學程：五年內一種、十年內三種

　　一般大學的學士學位大多須修滿 128 個學分，全面推行線上學習不僅困難，也沒有必要。但相對的，學位學程一般多為 30 學分、約 10 門課程，因此採用線上教學相對容易，也更有利於學程推廣。以美國的經驗而言，許多大學也是首先推出學分數要求較低的全線上碩士學位學程，來吸引有彈性學習需求的在職進修學生，等社會接受度提升之後，再推出學分數較多、但程度較為簡單的線上學士學位，最後才是全線上的博士學位，而且推行線上學位學程，也有助於拓展大學的國際教育輸出，吸引更多線上國際學生進駐選課，一方面不會增加實體校園的負擔，又能夠提升大學的國際化程度與國際名聲。

二、高中教育

　　比起大學強調專業能力的培育，高中以下教育更重視學生的人格養成，因此線上學習不可能全面取代實體教學。高中的線上學習發展目標，應著重在鼓勵學生接觸及了解線上學習，培養數位自學的素養；另一方面，透過線上學習提早接觸大學課程，可幫助性向探索，為進入大學做準備。

（一）修習至少一門線上課程的高中生：五年內達 15%、十年內達 30%

　　利用疫情期間累積的經驗，以及配合教育部於 2022 年推出的中小學數位學習精進方案，高中職已經有多種提供線上學習課程的方

式，例如配合國家的雙語政策與國際化發展目標，鼓勵高中生使用國際磨課師平台修習線上課程，使高中學習與國際接軌；將線上學習納入自主學習時數中，提升高中生使用線上學習的動力；使用大學提供的線上開放教材進行增刪修正後，作為自校的多元選修線上學習內容；鼓勵自校教師設計製作線上課程。各校初步可以用每年 3 至 5% 學生至少在畢業前修過一門線上課程當作目標，然後逐步提升高中生對線上課程的熟悉度及參與度（若一屆學生數為 150 人，則 3% 僅約 5 人，15% 約為 23 人，30% 為 45 人），學校也可以同步累積經營數位教學的能力。

（二）每縣市能開授至少一門線上或混成課程的高中教師：五年內達 1% 或每校至少一位、十年內達 2% 及每校至少一位

評估高中發展數位教學成果的最重要指標之一，應該是培養了多少能夠經營線上或混成課程的教師。另外，108 課綱實施後，有超過三分之一的課程為各校的校訂必、選修，包括其下的多元選修、彈性學習、團體活動課程等。然而，因為選課上限、衝堂、課源、鐘點費不足等因素，使得新課綱的美意大受影響。線上課程不但可以鬆綁上述的限制，也可以鼓勵擁有特色課程的高中教師，將其所開的選修課程與其他學校的師生交流，甚至開放修習，達成資源共享。若未來五年內，各縣市高中職教師若能有 1%（或每校至少一位教師）可製作及經營一門完整線上或混成課程，必能開始緩解上述困境，健全該校課程的實施。

三、終身學習

　　臺灣的線上學習產業發展跌跌撞撞，但民間仍有不少質量俱佳、以成人為主要目標用戶的線上學習平台，如 Hahow 好學校、YOTTA 等。不過，空中大學可提供政府認證學位，且有獨立於高等教育體系之外的法定地位，這是民間平台做不到的。

（一）五年內：空中大學推出彈性學位學程

　　空中大學有其獨立法源，比起一般大學發展線上課程更不受束縛，因此是各大學校院中最適合執行線上課程的機構。空中大學為強化職能，應該要打破一般大學系所分立的僵化體制，可以根據趨勢及需求動態地調整學位或特定專業學程的設計，並媒合各大學的教學動能成為空大課程，加上學位認證，相信能讓臺灣的終身學習領域發生重大變化。不過，依據空中大學的辦學現況，此改變非一蹴可及，不僅需要空中大學內部編制的調整，也需要政府支持配合修改法規。

　　短期內的五年目標，可以是開始重整科系編制、建立以專業課程規劃師與教學設計師為主的課程開發團隊，以及職能完整的數位教材製作團隊（多媒體設計師、動畫師、導播等），再遴聘於學科領域卓有聲望的學術領導者出任學程主任或諮議委員。由學程主任廣邀各大學具備一定學術聲望的教師擔任課程兼任講師，組合並推出符合社會所需的學位學程，如半導體製造及管理技術、人工智慧與創意設計、跨域數據資料科學、海洋與藥物研發等學程，打破學院框架，提供國人更彈性的終身學習選擇。

（二）十年內：完成實體空中大學雲端化

　　將空中大學的組織結構從學院本位修改為學程本位，輔以強大的課程規劃與製作團隊，各門課程的定位可不再以系所為依據，而是根據學位學程的就讀人數、社會接受程度以及辦學的成果等，決定持續辦理的強度。又或者重整課程設計，根據社會情況調整為國人更需要的專業學位課程。十年目標為進一步設立「定期檢討與解散重組」的制度，每五年為一循環，重新檢討學程與課程設計，時時根據需求，提出創新的學位學程。

　　有了前述的組織彈性，空中大學將能利用其分布在全國的十二個學習點，轉化為課程製作站、課業輔導站、認證考試點，但其教學完全不受限於這些實體教學中心，真正走向雲端大學，提升社會對終身學習的認同。此時，TaiwanLife 臺灣全民學習平台就可能成為推動終身學習的國家級角色。臺灣可以將英國作為參考對象，其開放大學主要提供遠距教學課程，教職員工 80％以上為兼任教師，僅 20％左右為全職的數位學習專業人員，仍能提供高品質的各類學、碩士學位，以及非學位的文憑與證書，少數的全職教師還可在開放教育研究具有領導地位。英國開放大學因政府支援與廣受成人學生歡迎，甚至數度列入世界大學學術排名、泰晤士高等教育世界大學排名等主要世界大學排名中。英國開放大學充分體現了身為公立學校的公共性，使更多有需要的學生得以相對低廉的成本接觸到高等教育，提升全體國民的知識素養，進而對社會帶來巨大的貢獻，空中大學值得向其效法。

四、開放教育

（一）五年內：達到向下扎根、輸出國際

　　臺灣線上學習的起飛始於開放教育，線上學習也可以利用開放教育向下扎根，包括利用開放教育平台為高中提供 108 課綱中的多元選修及自主學習等教材，給予青少年接觸高等教育的機會。除此之外，平台可以協助將大學或海外精彩課程改製為真正適合青少年觀看學習的課程。如 ewant 育網平台上的「翻轉學習力：省力讀書有門道」課程，是將 Coursera 平台上提供給成人觀看的「學習之道」課程，重新為臺灣 8 至 15 歲青少年錄製為 16 段、每段 5 分鐘的動畫短片，課程並提供家長及教師如何輔導青少年的活動手冊。該課程自 2019 年開課，至 2022 年已有超過 5,000 人選修，甚至有國中導師將其用於班會活動。

　　此外，開放教育平台要達到真正的開放，也應開發無障礙學習內容，讓身心有特殊狀況的學習者也能享受開放教育之益。除了向下扎根，也千萬不能忘了開放教育的挑戰是全球性的；換句話說，其他國際平台應該是我們競爭與合作的對象。國內有少數大學以「國外平台唯一獲邀開課」為傲，不免欠缺長遠考量。以單一學校到國外平台提供課程，的確可以提升開課學校的國際能見度，但是可能要同時承擔學習數據無法取得、開課期限沒有保障、技術進步受到限制、談判受到壓制等諸多缺點，最後恐怕又是為人作嫁，博得一個「國際化」的美名而已。另一個可能更好的做法是聯合國內多個大學校院及本土磨

課師平台，與其他國外平台磋商合作協議，取得將教育內容輸出的共同協議，以保障臺灣獲得學習數據、凸顯臺灣知識貢獻、甚至合作開發課程等權益。

（二）十年內：出現成熟商模

政府不但應該揚棄許多不利於民間或大學校院發展開放教育平台的措施，還應該政策性的支持在各級教育（大、中、小學）以及社會不同層面（企業、空中大學、磨課師等）各有至少一個非政府營運的開放教育平台建立穩定的營運模式，使開放教育能在臺灣永續發展，並進一步向國際輸出臺灣優質的教育資源，擴大臺灣在國際的能見度及影響力。若能達此境地，就是臺灣開放教育成功的最具體象徵。

五、在職教育

（一）十年內：員工教育訓練採用線上教學達 50%

近年臺灣許多企業開始進行數位轉型，員工教育訓練當然也應該納入其中，企業因此需要重整教育訓練內容，並積極轉為線上課程。許多科技業、金融業、甚至健康產業已經大量導入數位內容作為入職前培訓、試用期教育、儲備幹部或在職進修。只要數位內容充足，即可支援企業所需的教育訓練，十年內一半以上的教育訓練採用線上進行應非難事。但企業要成功推動線上學習，除了開發線上學習內容及

課程外，更重要的是翻轉企業對在職進修的觀念。政府應在勞動法規上要求企業建立專業發展的學習制度，企業應將在職進修（不論實體或線上）視為工作內容的一部分，避免以下班後線上進修學習為名來剝奪員工休息時間。確定員工線上學習成果後，制度上應給予員工薪資補助或休假保障。有了制度的保障，員工自然會衡量各種可能的教育訓練模式，此時不必出差、不必中斷工作、允許彈性學習、沒有人數限制的線上學習自然會有吸引力，成為員工趨之若鶩的選項。

六、政府作為

臺灣的線上學習發展碰到一些困境，政府政策須負一部分責任。例如，現有政策對大學校院發展線上學習多所限制，導致學校在發展線上學習時經常受困。若欲改善現況，建議政府採取下列行動：

（一）修訂友善線上教學的法規

五年內應大幅廢止或修正線上學習相關法規，將線上學習視為所有高等教育正常學習型態的一員，允許大學校院視各自體質因地制宜的發展線上學習，避免將線上學習視為需要額外管制的異類學習方式。法規鬆綁之後，以特定的刺激性經費，鼓勵大學校院以線上學習為媒介，對外輸出教育內容，提升社會參與線上學習的動機與需求度；或鼓勵與線上教育有關的學、協會設置獎項，向全民宣導優質的線上課程教師與線上學習機構。

（二）建立線上教育的跨部會溝通機制

　　線上學習效益可隨使用規模的擴大而大幅躍升，因此若能彙整線上學習資源、統合學習需求，就能達成一定的成效。未來更需藉由數發部、教育部、經濟部、工業局等政府部會的跨部門合作，來彙整線上學習內容與統合線上學習需求。因此在改善法規之外，建議政府於五年內建立有效的跨部會線上學習溝通整合機制，可以教育部為核心，協調各部會資源與經費，並以大專校院的線上學習推進動力為引擎，向高中、在職教育、終身學習等各方面擴散。

（三）保障數位公民學習權

　　若要推廣線上學習，網路基礎建設絕對是必備條件，因此政府應完善環境建設，確保全體人民的數位公民權（Digital Rights）。所謂數位權利意旨個人合法使用電子儀器與通訊網路的權利，使基本人權在網際網路等電子領域能得到保障與發展（如：言論自由、隱私權、受教權等）。若政府推廣數位學習，則應確保國人於網路領域的人權。2022 年新設的「數位發展部」對於數位公民權的確保責無旁貸，而學習權利自應是數位公民權的重要基石。尤其對高中以下的義務教育，更應保證每位學生的數位學習權，提供學生進行線上學習的權利，消弭學生之間的數位落差。首先政府應完善基礎建設，確保每間學校的網路近用均等。其次，政府應保障學生的數位學習權利，使學生能以便宜甚至免費的價格上網，並提供每位學生一定寬頻的網路流量。最後則是避免讓某些教育內容，成為都會區學生的特權，而應透

過線上學習，達成教育平權，拉近城鄉差距。例如，媒合高中使用大學的線上教學資源，確保高中生能接觸到高品質的線上課程、補助低收入學生連接至教育網路的手機 SIM 卡等，皆是保障數位公民學習權的理想做法。

資料來源

Abaci, S., Robertson, J., Linklater, H., & McNeill, F. (2021). Supporting school teachers' rapid engagement with online education. *Educational Technology Research and Development*, *69*, 29-34.

Abiodun, O.I., Abiodun, E.O., Alawida, M. et al. (2021). A Review on the Security of the Internet of Things: Challenges and Solutions. *Wireless Pers Commun*, *119*, 2603–2637.

alanhu383. (2020, September 5). JackTrip virtual studio demo[Video]. https://youtu.be/N-tQy_hdJHk

Andresen, M. A. (2009). Asynchronous discussion forums: Success factors, outcomes, assessments, and limitations. *Educational Technology & Society*, *12*, 249–257.

ANP. (2023, February 10). Dutch universities still struggling to uncover work written by ChatGPT. *NL Times*. https://nltimes.nl/2023/02/10/dutch-universities-still-struggling-uncover-work-written-chatgpt

Barbour, M. K. (2021). The Shift to Distance Learning: Tracing the Roots of 100+ Years of Practice and Opportunity. *TechTrends*, *65*, 919–922.

Bernard, R. M., Abrami, P. C., Lou, Y., Borokhovski, E., Wade, A., Wozney, L., et al. (2004). How does distance education compare with classroom instruction? A meta-analysis of the empirical literature. *Review of Educational Research*, *74*(3), 379-439.

Brahimi, T., & Sarirete, A. (2015). Learning Outside the Classroom through MOOCs. *Computers in Human Behavior*, *51*, 604-609.

Buchholz, K. (2022, July 27). Where 5G Technology Has Been Deployed. Statista. https://www.statista.com/chart/23194/5g-networks-deployment-world-map/

Chen, Ken-Zen (2020b). Coaching college students' self-regulated online learning skills. *Change: The Magazine of Higher Learning, 52*(6), 48-56.

Chen, Ken-Zen, & Lowenthal, P. (2018). *Capturing Professional Growth of Online Instructors: Learning Analysts' Reflections on Studying a Faculty Development Program.* SAGE Research Methods.

Cockrum T. (2014). *Flipping Your English Class to Reach All Learners: Strategies and Lesson Plans.* Routledge.

Conole, G. (2015). Designing effective MOOCs. *Educational Media International, 52*(4), 239-252.

Cristian T. (2016, December 14). Europe Report: Moodle Market Share Leader Almost Everywhere. *LEARN MAGANIZE.* https://www.elearnmagazine.com/marketplace/europe-report-moodle-market-share-leader-almost-everywhere/

Cutri, R.M.,& Mena, J. (2020). A critical reconceptualization of faculty readiness for online teaching. *Distance Education, 41*(3), 361-380.

Daniela, L. (2021). Internet of Things IN and FOR Education. In: Daniela, L. (Eds.). *The Internet of Things for Education.* Springer. https://doi.org/10.1007/978-3-030-85720-2_1

DanTepferMusic. (2020, December 19). Jacktrip duet: Take five with Robert Ikiz[Video]. https://youtu.be/8fVuBnm07ug

de Freitas, S. I., Morgan, J., & Gibson, D. (2015). Will MOOCs transform learning and teaching in higher education? Engagement and course retention in online learning provision. *British Journal of Educational Technology, 46*(3), 455–471.

Education, Youth, Sport and Culture. (2023). https://ec.europa.eu/education/resources-and-tools/coronavirus-online-learning-resources/online-platforms_en（連結已失效）

Emanuel, E. J. (2013, November 20). MOOCs taken by educated few. *Nature, 503*, 342.

Evans, M. A., & Rick, J. (2014). Supporting learning with interactive surfaces and spaces. In J. M. Spector, M. D. Merrill, J. Elen, & M. J. Bishop (Eds.), *Handbook of Research on Educational Communications and Technology* (4th ed.) (pp. 689–701). Springer.

Fanariotis, A., Fotopoulos, V., Karkazis, P., Orphanoudakis, T., Skodras, A. (2021). Training Makers to Build the Internet of Things on an Arduino (Using a Remote Lab Facility and an MOOC). In Daniela, L. (Eds.), *The Internet of Things for Education*. Springer.

Firmansyah, M., & Timmis, S. (2016). Making MOOCs meaningful and locally relevant? Investigating IDCourserians-an independent, collaborative, community hub in Indonesia. *Research and Practice in Technology Enhanced Learning*, *11*(1), 11.

Graduate Programs Staff. (2019, September 25). The Benefits of Online Learning: 7 Advantages of Online Degrees. Northeastern University Graduate Programs. Northeastern University Graduate Programs. https://www.northeastern.edu/ graduate/blog/benefits-of-online-learning/

Hew, K. F. (2016). Promoting Engagement in Online Courses: What Strategies Can We Learn from Three Highly Rated MOOCS. *British Journal of Educational Technology*, *47*, 320-341.

Jacktrip labs. (2021, May 29). Sing gently (SSA) by Eric Whitacre (world premiere), powered by JackTrip[Video]. https://youtu.be/SJgB5QmyDfU

KORKRID (2023, February 7). DetectGPT by Stanford University to Assist Educators in Discovering Detect Content-Generated Using ChatGPT. Medium. https://medium.com/codex/detectgpt-by-stanford-university-to-assist-educators-discovering-detect-content-generated-using-d9385c19fe98

Loureiro, A., & Bettencourt, T. (2014). The use of virtual environments as an extended classroom – A case study with adult learners in tertiary education. *Procedia Technology*, *13*, 97–106.

Marinoni, G., Van't Land, H., & Jensen, T. (2020). The impact of Covid-19 on higher education around the world. *IAU Global Survey Report*, 23.

Meek, S.E.M., Blakemore, L. and Marks, L. (2016). Is peer review an appropriate form of assessment in a MOOC? Student participation and performance in formative peer review. *Assessment & Evaluation in Higher Education, 42*(6), 1000-1013.

Ministry of Education, Culture, Sports, Science and Technology-Japan. (n.d.). https://www.mext.go.jp/a_menu/ikusei/gakusyushien/index_00001.htm

MIT OCW. (2009). *2009 Program Evaluation Findings Summary*. https://ocw.mit.edu/ans7870/global/09_Eval_Summary.pdf

MIT. (2003 June 30). *Reports to the President 2002-2003*. https://web.mit.edu/annualreports/pres03/02.08.html#achievements

Oakley, B., Poole, D., & Nestor, M. (2016). Creating a Sticky MOOC. *Online Learning, 20*, 13-24. https://doi.org/10.24059/olj.v20i1.731

Oakley, B. A., & Sejnowski, T. J. (2019). What we learned from creating one of the world's most popular MOOCs. *NPJ Science of Learning, 4*, 7.

OECD (2020, November 19). The impact of COVID-19 on student equity and inclusion: Supporting vulnerable students during school closures and school re-openings. https://www.oecd.org/coronavirus/policy-responses/the-impact-of-covid-19-on-student-equity-and-inclusion-supporting-vulnerable-students-during-school-closures-and-school-re-openings-d593b5c8/

Pappano, L. (2012). The Year of the MOOC. *The New York Times*. https://www.nytimes.com/2012/11/04/education/edlife/massive-open-online-courses-are-multiplying-at-a-rapid-pace.html

Phil Hill. (2023, Jan 31). State Of Higher Ed LMS Market For US And Canada: Year-End 2022 Edition. https://philhillaa.com/onedtech/state-of-higher-ed-lms-market-for-us-and-canada-year-end-2022-edition/

Quality Matters. (2023). https://www.qualitymatters.org/

Reinsel D., Gantz J. & Rydning J. (2018). *The Digitization of the World from Edge to Core*. Seagate. https://www.seagate.com/files/www-content/our-story/trends/files/idc-seagate-dataage-whitepaper.pdf

Sawaya, S. (2015). Wearable Devices in Education. In: Redmond, P., Lock, J., Danaher, P.A. (Eds.). *Educational Innovations and Contemporary Technologies*. Palgrave Macmillan. https://doi.org/10.1057/978113746 8611_3

Schleicher, A. (2020). The impact of COVID-19 on education: Insights education at a glance 2020. OECD. https://www.oecd.org/education/the-impact-of-covid-19-on-education-insights-education-at-a-glance-2020.pdf

Siemens, G. (2005). Connectivism: A learning theory for the digital age. *International Journal of Instructional Technology and Distance Learning*, *2*(1). http://www.itdl.org/Journal/Jan_05/article01.htm

The Blended Learning Universe. (2023). Blended Learning Models. https://www.blendedlearning.org/models/

ChannelProNetwork (n.d.). The growth in connected IoT devices is expected to generate 79.4ZB of data in 2025, according to a new IDC forecast. https://www.channelpronetwork.com/news/growth-connected-iot-devices-expected-generate-794zb-data-2025-according-new-idc-forecast

The Illinois Distributed Museum (n.d.). *PLATO*. https://distributedmuseum.illinois.edu/exhibit/plato/

The University of Texas at Austin Faculty Innovation Center (2023). *Flipped Classroom*. https://facultyinnovate.utexas.edu/flipped-classroom

Toven-Lindsey, B., Rhoads, R.A., & Lozano, J.B. (2015). Virtually unlimited classrooms: Pedagogical practices in massive open online courses. *The Internet and Higher Education*, *24*, 1-12.

UNESCO (2020, March 24). 1.37 billion students now home as COVID-19 school closures expand, ministers scale up multimedia approaches to ensure learning continuity. https://en.unesco.org/news/137-billion-students-now-home-covid-19-school-closures-expand-ministers-scale-multimedia

UNESCO. (2023). *Distance learning solutions*. https://en.unesco.org/covid19/educationresponse/solutions （連結已失效）

Valadez, J. R., & Duran, R. (2007). Redefining the digital divide: Beyond Access to computers and the Internet. *High School Journal*, *90*(3), 31-44.

van Dis,E.A.M., Bollen, J., Zuidema,W., van Rooij, R. & Bockting, L. (2023). ChatGPT: five priorities for research. *Nature*, *614*, 224-226.

Vrije Universiteit Amsterdam (2023, January 26). Dealing with ChatGPT in Higher Education. https://vu.nl/en/news/2023/dealing-with-chatgpt-in-higher-education

Vuorikari, R., Kluzer, S. and Punie, Y. (2022). *DigComp 2.2: The Digital Competence Framework for Citizens - with New Examples of Knowledge, Skills and attitudes*. European Union. https://www.schooleducationgateway.eu/en/pub/resources/publications/digcomp-22.htm

WGU. (2023). Transforming Higher Education Is Our History and Our Future. https://www.wgu.edu/about/story/history.html

Zhou, M. (2016). Chinese university students' acceptance of MOOCs: A self-determination perspective. *Computers and Education*, *92-93*,194-203.

石依華（2000 年 1 月 11 日）。〈資策會「龍門課站」網路學苑開張〉。**iThome**。https://www.ithome.com.tw/news/91

世界日報（2021 年 11 月 9 日）。〈疫情改變上課模式　長期遠距教學也 OK〉。https://ynews.page.link/5cAy

均一平台教育基金會（2023）。〈均一大事紀〉。https://official.junyiacademy.org/about/history/

李鎮宇（2011 年 10 月 15 日）。〈體感學習（Kinesthetic learning）讓學習更生動有趣〉。**數位典藏與學習電子報**。https://newsletter.teldap.tw/news/InsightReportContent.php?nid=5070&lid= 583

每年提供一千台免費電腦給低收入戶學童「國民電腦應用計畫」（n.d.）。http://icare.moe.gov.tw（連結已失效）

洪詠善、范信賢（2015）。**同行：走進十二年國民基本教育課程綱要總綱**。國家教育研究院。

香港教育局（2022）。運用電子學習模式支援學生在家學習專頁。https://www.edb.gov.hk/tc/edu-system/primary-secondary/applicable-to-primary-secondary/it-in-edu/flipped.html

香港教育城（2023）。教育局一站式學與教資源平台。https://www.hkedcity.net/edbosp/

唐翌鈞（2021）。〈5G 於智慧製造的應用及發展〉。機械工業雜誌，454，19-23。https://www.airitilibrary.com/Publication/alDetailedMesh?DocID=P20171221002-202101 -202101060019-202101060019-19-23

陳根（2014）。**奇「機」上身‧第四波工業革命來襲：穿戴式裝置時代**。上奇時代。

陳鏗任（2016）。〈數位科技時代中美國遠距大學生的學業操守問題與因應〉。**教育實踐與研究**（TSSCI），29，199-232。

陳鏗任、林炳洲、王子華（2021）。〈馬來西亞高等校院的停課不停學—大學生在 COVID-19 行動管制令下的結構與行動〉。**當代教育研究**（TSSCI）。

陳鏗任、黎少奇、吳歡鵲、李威儀、陳永富（2020）。**自主學習的學程設計、線上診斷、與系統支援**。載於鄭章華主編，學習新動力：「自主學習」在十二年國教的多元展現（頁 311-338）。國家教育研究院。

財團法人國家實驗研究院國家高速網路與計算中心（n.d.）。https://www.nchc.org.tw/Page?itemid =3&mid=5

偏鄉地區中小學網路課業輔導服務計畫（n.d.）。http://www.dsg.fju.edu.tw（連結已失效）

偏鄉數位應用推動計畫（n.d.）。http://bcare.moe.gov.tw（連結已失效）

偏鄉數位應用精進計畫（n.d.）。http://itaiwan.moe.gov.tw/

國家中小學網絡雲平台（n.d.）。http://ykt.eduyun.cn/

教育科學文化處（2021 年 11 月 25 日）。〈班班有網路　生生用平板—推動中小學數位學習精進方案〉。行政院全球資訊網—院會議案。2023 年 8 月 10 日 查 詢：https://www.ey.gov.tw/Page/ 448DE008087A1971/0ba98487-02aa-4bf3-afa5-89a628e29c9d

教育部資訊志工團隊計畫（n.d.）。https://ecare.moe.gov.tw（連結已失效）

教育部電子計算機中心（1998）。《我國資訊教育現況與展望》。教育部電子計算機中心。

教育雲（2023）。防疫不停學—線上教學便利包。https://learning.cloud.edu.tw/onlinelearning/#k12

經濟部數位內容產業推動辦公室（2006）。《臺灣數位內容產業白皮書》，國家圖書館臺灣華文電子書庫（頁 21）。https://taiwanebook.ncl.edu.tw/zh-tw/book/NCL-9900007499/reader

廖元鈴（2020 年 8 月 18 日）。〈連玉山銀行、中國人壽都登門合作！本土最大的自學平台怎麼衝出破億營收？〉。**今周刊**。https://www.businesstoday.com.tw/article/category/80393/post/202008180033/

臺北市數位實驗高級中等學校（2023）。https://tschool.tp.edu.tw/

數位典藏國家型科技計畫百科（2016）。https://wiki.teldap.tw/

數位典藏國家型科技計畫百科（2016）。數位學習國家型科技計畫。https://wiki.teldap.tw/index.php?title= 數位學習國家型科技計畫

數位典藏與數位學習國家型科技計畫（n.d.）。https://teldap.tw/

聯發科技新聞稿（2022 年 1 月 18 日）。〈聯發科技發表《6G 願景白皮書》定義 Simplexity Optimization Convergence "S.O.C." 三大實用技術原則〉。聯發科技。https://corp.mediatek.tw/news-events/press-releases/mediatek-highlights-how-6g-will-accelerate-digital-transformation-in-new-white-paper

蘇明勇（2014 年 6 月 29 日）。〈FIEK View：打破物聯網 4 迷思〉。**IEK 產業情報網**。https://ieknet.iek.org.tw/iekrpt/rpt_open.aspx?actiontype=rpt&indu_idno=0&domain=0&rpt_idno=384282188

國家圖書館出版品預行編目 (CIP) 資料

迤邐前行：線上學習與臺灣高等教育的下一個十年 = Tinkering toward cyber edutopia : the next decade of online learning and higher education in Taiwan/ 李威儀, 陳鏗任著 . -- 初版 . -- 新竹市：國立陽明交通大學出版社, 2023.11
288 面；17*23 公分 . -- (教育通識系列)
ISBN 978-986-5470-78-4(平裝)

1.CST: 數位學習 2.CST: 教育發展 3.CST: 高等教育 4.CST: 臺灣

525.3   112016442

教育通識系列

迤邐前行
線上學習與臺灣高等教育的下一個十年

作　　者：李威儀、陳鏗任
美術設計：theBAND‧ 變設計—ADA
責任編輯：程惠芳
編輯協力：施楷平、張秀瑱、陳幼娟、陸賢豐、彭建華、程芷盈、
　　　　　黃炯中、謝維容

出 版 者：國立陽明交通大學出版社
發 行 人：林奇宏
社　　長：黃明居
執行主編：程惠芳
地　　址：新竹市大學路 1001 號
讀者服務：03-5712121 轉 50503（週一至週五上午 8:30 至下午 5:00）
傳　　真：03-5731764
E - m a i l：press@nycu.edu.tw
官　　網：http://press.nycu.edu.tw
FB 粉絲團：http://www.facebook.com/nycupress
印　　刷：中茂分色製版印刷（股）公司
初版日期：2023 年 11 月
定　　價：400 元
I S B N：9789865470784
G P N：1011201295

展售門市查詢：
陽明交通大學出版社 http://press.nycu.edu.tw
三民書局（臺北市重慶南路一段 61 號）
網址：http://www.sanmin.com.tw　電話：02-23617511
或洽政府出版品集中展售門市：
國家書店（臺北市松江路 209 號 1 樓）
網址：http://www.govbooks.com.tw　　電話：02-25180207
五南文化廣場臺中總店（臺中市臺灣大道二段 85 號）
網址：http://www.wunanbooks.com.tw　電話：04-22260330